地铁暖通空调工程常见问题及分析

车轮飞　主编

中国建筑工业出版社

图书在版编目（CIP）数据

地铁暖通空调工程常见问题及分析/车轮飞主编. —北京：中国建筑工业出版社，2015.1
ISBN 978-7-112-17534-5

Ⅰ.①地… Ⅱ.①车… Ⅲ.①地下铁道-采暖设备-建筑安装②地下铁道-通风设备-建筑安装③地下铁道-空气调节设备-建筑安装 Ⅳ.①U231

中国版本图书馆 CIP 数据核字（2014）第 274648 号

本书从施工设计、配合施工、系统调试、验收评审、运营单位要求等方面对地铁暖通空调工程设计中常见问题进行了分析。书中将武汉、长沙、北京、无锡、苏州、郑州等地近几年已建成并投入试运营的 10 余条地铁线路，在建设中的经验教训进行收纳总结，并给出了具有共性的经典案例。全书内容详实、丰厚，取自工程实际，针对性、实用性强，能对从事地铁设计人员起到很好的指导和借鉴作用，同时也能给地铁建设方提供很好的参考价值。

责任编辑：姚荣华　张文胜
责任设计：董建平
责任校对：李美娜　刘梦然

地铁暖通空调工程常见问题及分析
车轮飞　主编

*

中国建筑工业出版社出版、发行（北京西郊百万庄）
各地新华书店、建筑书店经销
北京科地亚盟排版公司制版
北京云浩印刷有限责任公司印刷

*

开本：787×960 毫米　1/16　印张：10¾　字数：214 千字
2015 年 1 月第一版　2015 年 1 月第一次印刷
定价：35.00 元
ISBN 978-7-112-17534-5
(26719)

版权所有　翻印必究
如有印装质量问题，可寄本社退换
（邮政编码　100037）

本书编委会

主　编：车轮飞
副主编：林昶隆　付维纲　蔡崇庆
编　委：

　　　　梅　宁　　赵建伟　　夏继豪　　胡清华　　李森生
　　　　胡忠炜　　李国栋　　邓敏锋　　蔡亚桥　　陈耀武
　　　　吴斋烨　　杜艳斌　　张之启　　陈玉远　　余伟之
　　　　刘　俊　　陈清波　　王　鑫　　李香凡　　曹　亮
　　　　徐传汉　　宋永超　　篮　杰　　周　强　　朱　毅

前 言

"十二五"以来，随着我国经济的快速发展，城镇化建设进程不断推进，交通出行成为人们最关注的事情之一。为了解决城市均衡发展、城区交通拥挤问题，各大中型城市逐步加大对公共交通，尤其是轨道交通建设的投入。人们逐步认识到，地铁改变着城市，它以无法比拟的优越性，成为最快捷、便利、舒适、高效的交通方式。近几年，国内地铁建设进入了一个持续的高峰时期，各大城市已陆续有地铁建成并投入运营。

随着地铁建设项目不断增多，新的建设管理单位、施工单位、设计单位不断出现，暖通设计及工程施工中暴露出来的问题也不断、反复地出现。比如：被控设备与控制系统的接口不清造成控制错误、地下工程有限空间与复杂管线安装带来的检修难题、设计取值过于保守或盲目自信使得空调水系统过流或流量不够，以及施工不规范使系统达不到设计要求等一系列问题。这些问题倘若没有及时归纳总结，并向新的地铁设计者进行培训和灌输，势必将持续出现，甚至造成建设失误，给工程留下永久的遗憾。

中铁第四勘察设计院集团有限公司（本书中简称铁四院）累计在武汉、苏州、昆明等18个城市承担了45条城市轨道交通总体总包设计项目，包含了地铁、轻轨、市域轨道交通、现代有轨电车等多种类型，业务量位居行业前茅。2014年承担了我国第一条中低速磁浮——长沙磁浮工程的设计施工总承包。目前从事轨道交通暖通专业设计的职工共100余人，其中博士生2人，硕士研究生35人，全国注册公用设备工程师13人，通过大量的工程实例积累了丰富的经验。

本书共分为6章，从施工设计、配合施工、系统调试、验收评审、运营单位要求等方面进行阐述，将武汉、长沙、北京、无锡、苏州、郑州等地近几年已建成并投入运营的10余条地铁线路，在建设中的经验教训进行归纳总结，并罗列具有共性的经典案例。全书内容详实、丰厚，取自工程实际，针对性、实用性强，能对从事地铁设计人员起到很好的指导和借鉴作用，同时也能给地铁建设方提供很好的参考价值。

前　言

　　本书在编写过程中得到了铁四院各级领导的大力支持，暖通所各驻外项目部的员工也是群策群力，利用工作之余加班加点完成各自的编纂工作，在此一并表示感谢！

　　限于时间仓促、水平有限，书中难免有不妥或错误之处，敬请专家、同仁们批评指正。

目 录

第1章 概述 ··· 1
1.1 城市轨道交通发展的历史与现状 ··· 1
1.2 城市轨道交通通风空调系统功能及特点 ·· 2
1.2.1 系统功能 ··· 2
1.2.2 系统特点 ··· 3
1.3 城市轨道交通暖通行业发展现状 ··· 4
1.4 城市轨道交通暖通行业创新探索 ··· 4
1.4.1 预制式集成冷站技术 ··· 4
1.4.2 节能控制技术的优化利用 ··· 6
1.4.3 多联机空调系统的扩展应用 ·· 6
1.4.4 隧道通风系统的创新应用 ··· 7
1.5 部分线路技术指标 ·· 9
1.5.1 铁四院暖通专业承揽任务一览 ·· 9
1.5.2 主要线路技术指标 ·· 9

第2章 施工设计 ·· 12
2.1 图纸设计 ·· 12
2.1.1 计算 ··· 12
2.1.2 土建夹层设计 ··· 18
2.1.3 冷却塔的布置 ··· 22
2.1.4 结构反梁的要求 ··· 30
2.1.5 机房设计 ·· 32
2.1.6 隧道风系统的设计 ·· 38
2.1.7 空调冷却水水处理 ·· 49
2.1.8 管线的布置 ·· 50
2.1.9 工艺控制图设计 ··· 60
2.1.10 换乘车站接口设计 ··· 65

2.1.11 中庭车站的排烟设计 …………………………………… 67
2.1.12 北方供暖设计 …………………………………………… 72
2.1.13 OCC控制大厅的空调设计 ……………………………… 73
2.1.14 人性化及安全设计 ……………………………………… 73
2.1.15 噪声防治措施 …………………………………………… 79
2.1.16 容易被忽视的规范条款 ………………………………… 80
2.2 设计接口及设备监控要求 …………………………………… 81
2.2.1 常见的容易遗漏的接口 ………………………………… 81
2.2.2 常见的容易出错的接口 ………………………………… 83
2.2.3 无BAS系统工程 ………………………………………… 87
2.3 设计联络 ……………………………………………………… 89
2.3.1 设计联络的内容 ………………………………………… 89
2.3.2 设计联络遵循的基本原则 ……………………………… 90
2.3.3 设计联络常见问题 ……………………………………… 90
2.3.4 设计联络的管理 ………………………………………… 93

第3章 配合施工 ……………………………………………………… 95

3.1 配合施工主要内容 …………………………………………… 95
3.2 设计交底与图纸会审 ………………………………………… 95
3.2.1 设计交底与图纸会审应遵循的原则 …………………… 96
3.2.2 设计交底与图纸会审的组织 …………………………… 96
3.2.3 设计交底与图纸会审工作的程序 ……………………… 96
3.2.4 设计交底的重点 ………………………………………… 96
3.2.5 纪要与实施 ……………………………………………… 97
3.3 配合施工常见案例分析 ……………………………………… 97

第4章 系统调试 …………………………………………………… 129

4.1 车站大、小系统调试 ………………………………………… 129
4.1.1 风机的试运转 …………………………………………… 129
4.1.2 风系统基本技术参数测试方法 ………………………… 130
4.1.3 室内环境基本参数检测 ………………………………… 131
4.1.4 大、小系统调试案例 …………………………………… 132
4.2 空调水系统调试 ……………………………………………… 139
4.2.1 水系统基本参数测试方法 ……………………………… 139

4.2.2　空调冷冻（却）水系统试运转 ················· 140
　　4.2.3　空调集控系统的调试 ··················· 142
　　4.2.4　水系统调试常见故障及原因分析 ·············· 142
　4.3　系统联调案例分析 ······················ 144

第5章　工程验收 ··························· 152

　5.1　消防验收 ·························· 152
　　5.1.1　消防验收的内容及要求 ··················· 152
　　5.1.2　消防验收案例 ······················· 153
　5.2　其他验收 ·························· 156
　　5.2.1　配合环评验收 ······················· 156
　　5.2.2　配合卫生防疫验收 ····················· 156
　　5.2.3　配合人防验收 ······················· 157

第6章　地铁运营部门要求及运营评审意见 ············ 158

　6.1　运营部门对设计的要求 ···················· 158
　6.2　运营评审专家主要意见 ···················· 160

参考文献 ······························ 162

第1章 概　　述

1.1 城市轨道交通发展的历史与现状

自1863年1月在英国伦敦开通第一条全长6km的城市地铁以来，至今已有近50个国家的330余座城市修建了轨道交通，线路总长度达数万千米。各大城市的地铁、轻轨、市域铁路、新型城市轨道交通均得到了很好的发展，为城市的客运交通和经济发展做出了重要的贡献。

从全世界范围来看，世界城市轨道交通的发展经历了一个曲折的过程，大致分为初步发展阶段（1863—1924年）、停滞萎缩阶段（1925—1949年）、再发展阶段（1950—1969年）和高速发展阶段（1970年至今）。

相对于发达国家，我国轨道交通建设起步较晚。1969年10月，在北京建成了第一条地铁，也是我国自行设计、建设的第一条地铁线路。进入21世纪以来，轨道交通在优化城市空间结构、缓解城镇交通拥挤、保护环境、节约土地等方面发挥出积极促进作用，日益成为中国走新型城镇化道路的重要战略举措。伴随着城镇化进程的加快，城市交通需求剧增，城市轨道交通也进入高速发展期。目前，中国已成为全世界城市轨道交通发展最快的国家。

2010年以前，我国经过40多年的建设，地铁运营总里程达到了1455km。2012年，我国城市轨道交通新增运营里程321km，年末运营总里程达2064km。至2013年末，我国累计有19个城市建成投运城市轨道交通线路87条，运营线路总里程2539km（见表1-1）。根据2012年国务院出台的《关于城市优先发展公共交通的指导意见》，目前已批准了36个城市的轨道交通发展规划，预计"十二五"期间将建成投运1500km左右，到2015年运营总里程达3000km左右，是2010年前40多年建成投运总里程1455km的总和。这表明在相当一段时间内，我国城市轨道交通将处在快速发展阶段，推动城市轨道交通安全、科学、可持续发展任重道远。

全国已开通城市轨道交通线路运营里程统计表（截至2014年1月2日）　　表1-1

序号	城市	总里程 (km)	运营线路 (条)	制式及运营里程（km）						2013年新增里程 (km)	2012年末运营里程 (km)	备注
				地铁	轻轨	单轨	现代有轨电车	磁浮交通	市域快轨			
1	上海	577	16	538.4	—		9.0	29.9	—	99.3	477.9	
2	北京	465	17	465.0						23.0	442.0	

续表

序号	城市	总里程(km)	运营线路(条)	制式及运营里程（km）						2013年新增里程(km)	2012年末运营里程(km)	备注
				地铁	轻轨	单轨	现代有轨电车	磁浮交通	市域快轨			
3	广州	246	9	246.4	—					24.5	221.8	
4	深圳	178	5	178.3						0.0	178.3	
5	重庆	170	4	94.6	—	75.3				38.8	131.1	
6	天津	139	5	78.6	52.3	—	7.9	—		1.7	137	
7	成都	115	3	48.2					67.0	8.7	39.5	
8	沈阳	115	6	55.1		60.0				65.3	49.8	
9	大连	87	4	—	63.2		23.4			0.0	86.6	
10	南京	82	3	81.6						0.0	81.6	
11	武汉	73	3	44.2	28.5					16.5	56.2	
12	苏州	51	2	51.3						26.1	25.2	
13	长春	48	2	—	48.3					0.0	48.3	
14	杭州	48	1	48.0						0.0	48	
15	西安	46	2	45.9						25.3	20.6	
16	昆明	40	2	40.1						22.1	18.0	
17	郑州	26	1	26.2						26.2	0	首条线路
18	哈尔滨	17	1	17.5						17.5	0	首条线路
19	佛山	15	1	14.8						0.0	14.8	
	合计	2539	87	2074	192	75	100	30	67	395	2077	

注：摘自《中国城市轨道交通协会信息》2014年第1期（总第7期）。

1.2 城市轨道交通通风空调系统功能及特点

城市轨道交通暖通专业在轨道交通系统中主要包含通风系统、空调系统、供暖系统及防排烟系统。

1.2.1 系统功能

地铁通风空调系统包括隧道通风系统和车站通风空调系统两大部分：隧道通风系统分为区间隧道通风系统和车站隧道通风系统两部分；车站通风空调系统分为车站公共区通风空调系统（简称大系统）、车站设备管理用房通风空调系统（简称小系统）以及空调水系统（简称水系统）。

1. 隧道通风系统

列车正常运行时系统应能排除隧道余热余湿，控制隧道内空气温度不超标，同时使隧道内空气压力变化率满足相关设计标准。

列车阻塞在区间隧道时系统应能向阻塞区间提供一定的通风量，保证列车空调器等设备正常运行的环境温度和为乘客提供足够的新风量。

1.2 城市轨道交通通风空调系统功能及特点

列车火灾时系统应能及时排除烟气，控制烟气流向，并诱导乘客向安全区疏散。

2. 车站公共区通风空调系统（大系统）

正常运行时，车站公共区通风空调系统应能为乘客提供"过渡性舒适"的候车环境。

当车站公共区发生火灾时，车站公共区通风空调系统应能迅速排除烟气，同时为乘客提供一定的迎面风速，诱导乘客向安全区疏散。

3. 车站设备管理用房通风空调系统（小系统）

正常运行时，车站设备管理用房通风空调系统应能为车站工作人员提供舒适的工作环境条件和为车站设备运行提供所需的工艺环境条件。

当车站设备管理用房区域发生火灾时，车站设备管理用房通风空调系统应能及时排除烟气或进行防烟防火分隔。

4. 空调水系统（水系统）

车站空调水系统是为大系统和小系统提供空调设备用冷冻水，应能在各种工况、负荷和运营条件下满足大系统和小系统的运行、调节要求。

通风空调系统担负着为乘客和工作人员创造一个比较适宜的环境，满足地铁设备正常运转需要的重要职能，并在火灾和事故等灾害发生时提供必须的防灾、救灾条件，是地铁中不可或缺的重要组成部分。

1.2.2 系统特点

城市轨道交通作为大型公共交通建筑，通风空调系统主要具有以下显著特点：

（1）城市轨道交通的地下部分犹如一个狭长、庞大的地下箱形建筑物，其内部空间与外界的联通相对封闭，与外界空气的交换仅能通过车站出入口和风亭来进行。

（2）地下车站具有大量内部热源和污染源，热源包括列车牵引系统、动力照明系统、通信系统、信号系统及其他机电系统设备产生的巨大发热量；污染源包括乘客和工作人员的新陈代谢产生的大量热湿负荷和CO_2等废气、地下土建散发的潮气、列车闸瓦产生的粉尘以及各类设备运转产生的噪声污染。

（3）作为地下交通建筑，相对封闭，人员聚集，必须通过通风空调系统创造人工环境；火灾时烟气难以排除，也需通风系统来及时组织防排烟。

（4）由于车站位于地下，土壤的蓄放热特性导致建筑具有显著的热效应，室内环境表现出冬暖夏凉的特点。

（5）列车在隧道内运行时产生巨大的活塞通风效应，并对车站内空气环境产生一定的影响。

1.3　城市轨道交通暖通行业发展现状

国外城市轨道交通的通风空调系统是随着工程建设不断发展的，从最初完全采用自然通风到后来采用机械通风系统，再逐渐发展到空调降温方式，基本上与地面建筑设备技术的发展轨迹是同步的。

国内城市轨道交通从1969年北京地铁一期工程主要借鉴欧洲的通风空调系统设计方案开始，经过上海、广州等不同城市相继在地铁工程建设和运营领域积累的大量经验，将国外技术不断消化并结合我国实际进行改进，通风空调系统得到了长足发展和不断完善。

随着大规模的轨道交通工程建设，近年来国内培养、成长了一大批轨道交通工程设计、建设、运营管理人才队伍；通风空调设备经过多年的技术引进和自主创新，已基本实现国产化。目前我国城市轨道交通暖通行业已经初步形成设计技术成熟、技术标准合理、设备性能稳定、施工安装规范、运营管理有序的总体局面。

但是在发展的过程中，也存在以下几个方面的问题：

(1) 系统构成复杂，控制运行不便。
(2) 设备用房占用面积较大，土建成本偏高。
(3) 系统运行能耗巨大。
(4) 系统优化、技术创新以及新技术、新产品、新工艺的应用进展较慢。

1.4　城市轨道交通暖通行业创新探索

随着轨道交通工程在国内各地的蓬勃发展，除北京、上海、广州等地铁建设启动较早的城市外，武汉、苏州、无锡、长沙等一大批内地城市也快速启动地铁工程建设，依托于强大的设计、建设、运营力量，为城市轨道交通暖通行业的发展注入了新的活力，也为轨道交通暖通行业发展作出了有益的探索和创新。

1.4.1　预制式集成冷站技术

在武汉地铁2、4号线中，首次全线采用了预制式集成冷冻站。所谓预制式集成冷冻站主要由模块化高精度的冷冻站安装平台、水冷螺杆冷水机组、变频冷却水泵、变频冷冻水泵、高效节能控制系统、旁流水处理设备、定压排气补水装置、管道、阀门、压差传感器、温度传感器、流量传感器、功率传感器等组成。预制式集成冷冻站一般分二次深化设计、工厂预制、现场拼装等过程。

传统的冷冻站，一般由分散的设备提供商供货，供货到现场后，由施工承包

1.4 城市轨道交通暖通行业创新探索

方进行安装施工，设备方、施工方各司其职。这种模式下，设备供货周期存在不确定性，施工方往往无法有效地安排安装工期。各责任方仅对自己范围的内容负责，对于产品在施工中遇到损坏、安装调试中的问题、接口衔接等方面经常出现相互责怪、推脱责任的现象。而采用了集成冷冻站形式后，由中标的集成制造商统一安排设备采购，工厂内预先模块化预制，调试完成后再送往施工现场拼装。大大地减少了施工交叉，接口扯皮现象。且系统调试也由一家单位独立完成，责任主体明确。传统冷冻站与预制式集成冷冻站的比较如表1-2所示。

传统冷冻站与预制式集成冷冻站的比较　　　　　　　　表1-2

比较内容	传统冷冻站	预制式集成冷冻站
安装主体	安装过程分散，缺少一个主体单位进行统筹安排	统一由中标商进行设备采购，并在工厂进行模块化预制
材料和机房面积	在现场施工，施工占地面积大，交叉作业频繁，材料浪费量多，协调工作量大	在工厂内模块化预制，并调试成功后再送往现场拼装，最大地节省了安装时间和机房占地面积
系统运行效率	系统设备、管道磨合度不高，系统运行效率不能最优化	通过二次优化设计，将设备及管道系统划分成多个模块化的结构体，使机房结构更紧凑，设备与系统更匹配，从而提高了系统运行效率
建设工期	由于接口较多，施工交叉点较多，施工工期较长	施工单位由一家统筹，建设工期缩短一半以上
运营维护	各责任方打乱仗，对设备管道检修没有统一认识和考虑	通过三维布局，保证了设备及附件的检修、管道的维护更换

集成冷冻站是在传统冷冻站技术和工程建设的基础上，对核心技术和施工管理模式的不断创新和应用而形成的机电一体化系统性产品。它由集成制造商在设计院设计蓝图的基础上，展开二次深化设计和三维布局优化，以高效节能控制系统为核心，进行设备选型匹配。集成冷冻站在工厂进行模块化预制，并进行预先安装和调试后运输到现场进行拼装，实现工程项目到系统产品、从现场施工到工厂预制、从独立控制到关联控制的创新和改进（见图1-1～图1-3）。

图1-1　集成冷冻站三维布局示意图

图1-2　集成冷冻站工厂预制图

图1-3 集成冷冻站现场安装效果图

1.4.2 节能控制技术的优化利用

传统的冷冻站一般由BAS专业实现独立的PID控制。BAS控制系统是弱电控制系统,目的是实现设备的监视管理。冷冻站系统所要实现的所有功能都是在现场通过项目工程师二次编程完成的。但是,作为BAS专业的设计工程师,其所掌握的知识结构,不能保证其对空调系统的控制逻辑理解得完全一致,一旦出现理解偏差,将造成控制不成立,节能控制目的无法实现。

在此基础上进行优化设计后,采用一种地铁车站环境控制及能源管理系统(以下简称节能控制系统),其主要测控对象如下:冷水机组、冷冻水泵、电动阀门(包括冷水机房内电动蝶阀、旁通电动比例调节阀和冷却塔电动蝶阀)、冷却水泵、冷却塔、末端压差传感器、供回水干管温度传感器、室外温度传感器、流量传感器。该控制系统通过对冷水机组、冷冻水泵、冷却水泵、冷却塔、系统管路调节阀进行实时控制,能实时连续监测冷水机组、水泵和冷却塔的功耗值,在设备安全运行范围内自动调整各单体设备的功率消耗,使冷水机组、水泵和冷却塔综合运行效率最高,整体冷冻站电能消耗最低。控制目的是在满足末端空调系统要求的前提下,使整个系统达到最经济的运行状态,使系统的运行费用最低,并提高系统的自动化水平、管理效率,从而降低管理人员劳动强度。节能控制系统与传统的PID恒压差或恒温差控制系统的比较如表1-3所示。

节能控制系统与传统的PID恒压差或恒温差控制系统的比较　　表1-3

控制模式 比较内容	恒压差控制	恒温差控制	集成冷冻站节能控制
采用技术	PID+变频调速控制	PID+变频调速控制	计算机智能控制+变频调速控制
控制变量	单参量(压差)	单参量(温差)	多参量(温度、流量、压力、负荷)
算法	PID运算	PID运算	自适应模糊运算
结构	简单,各控制参量相互独立,缺乏相互关联性	简单,各控制参量相互独立,缺乏相互关联性	复杂,综合考虑各控制参量,以保证综合节电率最大为原则进行控制
保护	压力下限	温度下限	温度下限、压力下限、流量下限
节能	较好	较好	好
造价	较高	较高	高

1.4.3 多联机空调系统的扩展应用

传统地铁工程一般采用冷水机组为车站大系统和小系统提供空调冷热源(大

小系统合用冷源)，部分新建地铁为重要的设备和管理用房额外设置一套多联机空调系统。

在无锡地铁1、2号线中，突破了传统水系统模式，实现大系统冷源采用冷水机组，小系统采用变频多联机系统（空调季节变频多联机＋小新风运行、过渡季节全新风运行），两个系统相互独立，与传统空调系统相比，有如下特点：

（1）系统调试：大、小系统冷源分别独立设置，两个系统互不影响。空调水系统只负责大系统两个组合式空调器，可以很容易地实现水力平衡。变频多联机的控制系统高度集成、技术成熟、调试容易，可方便实现既定的设计目标。

（2）设备寿命：小系统采用变频多联机系统，可实现稳定的24小时连续运行。系统冷源在夜间关闭，与传统的全空气系统相比，可提高相关设备（冷水机组、水泵、冷却塔等）的运行使用寿命。

（3）节能性：多联机空调系统可根据室内外温度的变化进行自主调节，准确有效地实现负荷的无级调节，实现最大的节能目标。

（4）可靠性：多联机空调室内机按不少于2台配置，可保证其中一台故障后，另外一台仍然可以运行；同时，室外机多模块设置，各模块单独供电。此外，该系统与空调水系统完全独立，从而有效地保证了变频多联机所服务的设备用房空调效果的可靠性，有利于后期设备的维护。

（5）人性化：多联机空调系统具备制热功能，这是传统全空气系统所不能实现的。因此，该系统在冬季可以为运营人员提供较好的舒适性工作环境，体现设计的人性化。

1.4.4 隧道通风系统的创新应用

1. 活塞风道在集成闭式系统中的应用

传统的集成闭式系统通常不设置活塞风道，该通风模式存在以下两个问题：新风通过列车活塞效应由车站公共区引入，区间隧道内的新风量难以满足人员最小新风量标准；由于该模式排热风机需常年开启，导致系统运行能耗高。

北京地铁6号线在规划条件相对优越的车站采用增设活塞风道，利用列车活塞效应对区间隧道进行通风换气，满足人员新风量标准，及时排除隧道余热，减少排热风机开启时间，达到相对节能的目的。

2. 长大区间的防灾通风解决方案

对于穿越江河湖泊以及穿山的地铁线路，往往存在长大区间（同时存在两列或两列以上列车同向运行的区间）。为了避免事故列车的火灾烟气对同区间内非事故列车人员疏散的影响，应控制烟气流动，使非火灾列车处于无烟区。

可以采用分段纵向通风的方式（设置中间风井，或设排烟道和集中排烟口）将长大区间的多辆列车划分在不同的通风区段内。武汉地铁2、4号线在穿越长江时，分别在长江两岸各设置了一座中间风井；苏州地铁1号线在穿越金鸡湖时，采用了在湖中岛上设置中间风井的方案；武汉地铁7、8号线以及南京地铁10号线对于穿越长江的长大区间，采用隧道顶部设置排烟道和集中排烟口的分段纵向通风方式，有效地解决长大区间的防灾通风难题。

3. 复杂配线处的防排烟措施

对于正线区间，隧道横断面积一般在 $20m^2$ 左右，通常采用纵向通风排烟方式，通过事故区间两端车站的隧道风机联合动作，即可满足事故区段的火灾排烟要求。对于复杂配线处，横断面积会成倍增加，局部面积达到 $50m^2$ 甚至更大。若此时仍采用纵向通风排烟方式，会导致隧道风机风量大幅增加，并且由于配线区域存在多处连通的区段，会造成烟气进入其他非事故区间，影响人员的安全疏散。

上述复杂配线处可采用半横向排烟的方案进行解决：通过在顶部设置土建风道，风道内间隔设置多个风口，风道与隧道风机或排热风机相连。该区段火灾时，开启隧道风机或排热风机，将烟气通过就近的风口排出，由于烟气被控制在隧道顶部，不会影响人员安全疏散。

4. 自然通风在浅埋区间中的应用

常规的地铁区间隧道通风系统是在车站两端设置活塞风井，并在风井内设置隧道风机。当列车正常运营时，利用列车活塞效应实现自然通风或利用风井内隧道风机的机械通风实现区间隧道的通风换气；当列车在区间隧道内发生事故时，通过开启一组或多组隧道风机实现纵向通风排烟方式。

对于一些市郊线路，区间多为浅埋方式，埋深在2～10m之间，隧道采用明挖法施工。对于这种浅埋区间，如果采用机械通风，势必会增加系统的运行费用，并且需在车站内设置风道和风机房，增加了相应的土建费用和配电系统费用。

针对浅埋地铁区间隧道可采用顶部开孔的自然通风方式。该通风方式是通过在区间隧道顶部设置一系列的通风竖井来实现列车正常运营通风和隧道火灾通风，无需设置风道、风机。通风竖井有效面积不应小于顶部投影面积的5％，且竖井的位置与最远排烟点的水平距离不应超过30m。列车正常运营时，通过列车运行产生的活塞效应由通风竖井实现区间隧道与外部空间的通风换气；当列车在区间隧道内发生火灾时，在浮升力的作用下火灾烟气由隧道顶部的竖井排出，新风由相邻竖井引入，火灾工况下气流组织示意图如图1-4所示。

图1-4 浅埋区间火灾自然通风排烟示意图

1.5 部分线路技术指标

1.5.1 铁四院暖通专业承揽任务一览

铁四院城市轨道与地下工程设计研究院暖通所主要承担国家铁路、市政工程和城市轨道交通项目的通风空调、建筑给排水及消防设计工作，具备地铁热环境模拟、地铁给排水消防系统、地（水）源热泵空调、隧道通风、大空间气流组织、CFD 数值仿真、建筑设备节能等工程技术和科研能力。

轨道交通方面主要承担了武汉、长沙、昆明、苏州、无锡、郑州、杭州、南京等 18 余城市 40 多条城市轨道交通线的通风空调、给水排水系统设计任务；同时承担了 300 余座地铁车站、车辆段、停车场的设计任务，还承担了厦门 BRT 消防升级改造、武夷山有轨电车、珠海轨道新交通等设计任务。

多年来，以项目为依托，先后完成了完成"地铁变风量全空气系统均匀送风技术研究"等 6 项院控科研，申报"市域铁路国铁和城轨制式隧道内净空设计标准研究"等 6 项院控科研及软件。截至 2013 年底，共获得 19 项国家专利。获得各类优秀设计奖项 17 项。

1.5.2 主要线路技术指标

表 1-4 所列为铁四院承担总体总包线路中已建成或即将投入试运营的地铁线路通风空调设计主要技术指标、标准。

承担总体总包线路通风空调系统设计主要指标一览表

表 1-4

序号	城市	线别	线路长度(km)	车站数量(座)	车辆段/停车场	控制中心	远期列车编组	远期最高行车密度	车站通风制式	隧道通风模式	段场冷热源	主要技术指标 大系统冷源	小系统冷源	是否设冗余系统	大系统形式	小系统形式	水系统形式	冷冻站形式	大系统节能措施	水系统节能控制措施
1	武汉	2号线一期	27.73	21	1段1场	与1号线合用	6B,土建预留8B	30对/h	全高站台门	双活塞为主、单设排热风机	多联机空调	冷水机组	冷水机组	否	全空气双风机一次回风	全空气双风机一次回风为主	一次泵变流量	集成冷站	变风量	独立节能控制系统
2	武汉	4号线一期	16.49	15	1段	铁机村线网中心	6B	30对/h	全高站台门	双活塞、单设排热风机	多联机空调	冷水机组	冷水机组	否	全空气双风机一次回风为主	全空气双风机一次回风为主	一次泵变流量	集成冷站	变风量	独立节能控制系统
3	武汉	4号线二期	16.75	13(2)	1场	铁机村线网中心	6B	30对/h	全高站台门	双活塞、单设排热风机	多联机空调	冷水机组	冷水机组	否	全空气双风机一次回风为主	全空气双风机一次回风为主	一次泵变流量	集成冷站	变风量	独立节能控制系统
4	长沙	2号线一期	22.08	19	1段	杜花路控制中心	6B	30对/h	全高站台门	双活塞为主、单设排热风机	地源热泵	冷水机组	冷水机组	是	大表冷器	全空气双风机一次回风为主	一次泵变流量	常规+集中冷站2处	变风量	独立节能控制系统
5	北京	6号线一期	30.4	20	1段1场	小营控制指挥中心	8B	30对/h	半高安全门	集成闭式系统	多联机空调+锅炉房	冷水机组	冷水机组	是	大表冷器	全空气双风机一次回风	一次泵定流量	常规	变风量	群控系统
6	北京	6号线二期	12.4	8	1段	小营控制指挥中心	8B	30对/h	半高安全门	集成闭式系统	多联机空调+锅炉房	冷水机组	冷水机组	是	大表冷器	全空气双风机一次回风	一次泵定流量	常规	变风量	群控系统

1.5 部分线路技术指标

续表

序号	城市	线别	线路长度(km)	车站数量(座)	车辆段/停车场	控制中心	远期列车编组	远期最高行车密度	车站通风模式	隧道通风模式	段场冷热源	主要技术指标 大系统冷源	小系统冷源	是否设冗余系统	大系统形式	小系统形式	水系统形式	冷冻站形式	大系统节能措施	水系统节能控制措施
7	无锡	1号线	34.84	25	1段1场		6B	15对/h	全高站台门	双活塞为主,单设排热风机	多联机空调	冷水机组	多联机空调	否	全空气双风机一次回风为主	多联机空调+通风	一次泵变流量	常规	变风量	常规BAS控制
8	无锡	2号线	26.30	22	1段1场		6B	15对/h	全高站台门	双活塞为主,单设排热风机	多联机空调	冷水机组	多联空调	否	全空气双风机一次回风为主	多联机空调+通风	一次泵变流量	常规	变风量	常规BAS控制
9	苏州	1号线	25.739	24	1段		4B	30对/h	全高站台门	单活塞	风冷热泵	冷水机组	冷水机组	否	全空气双风机一次回风为主	全空气双风机一次回风为主	一次泵定流量	常规	无	常规BAS控制
10	苏州	2号线	26.550	22	1段	济路站控制中心	5B	30对/h	全高站台门	单活塞	多联机空调	冷水机组	冷水机组	是	全空气双风机一次回风为主	全空气双风机一次回风为主	一次泵定流量	常规	无	群控系统
11	苏州	2号线延伸线	15.594	13	1场		5B	30对/h	全高站台门	单活塞	多联机空调	冷水机组	冷水机组	是	全空气双风机一次回风为主	全空气双风机一次回风为主	一次泵变流量	常规	变风量	群控系统
12	郑州	1号线一期	25.64	20	1段1场	控制中心	6B	30对/h	全高站台门	双活塞	冷水机组+城市热网	冷水机组	冷水机组	否	全空气双风机一次回风	全空气双风机一次回风为主	一次泵变流量	常规	变风量	独立节能控制系统

备注：1. 车站数量一栏括号内的数字表示地面车站的数量。
2. "独立节能控制系统"指非BAS控制的地铁车站空调水系统节能控制系统。

第 2 章 施 工 设 计

2.1 图纸设计

2.1.1 计算

1. 风系统水力平衡

(1) 站台公共区排烟风管水力计算校核

某站台公共区机械排烟系统,站厅公共区面积 2460m², 站台公共区面积 1350m², 站厅、站台分别等分 2 个防烟分区,站厅一个防烟分区的排烟量为 73800m³/h,站台一个分区的排烟量为 40500m³/h,在 A、B 端环控机房内各布置一台排烟风机,排烟风机风量为 88560m³/h。其中站厅公共区排烟风管的尺寸按 73800m³/h 设计,站台层公共区排烟风管尺寸按 40500m³/h 设计。

安装完成后对该系统进行风量检测,其中站厅公共区排烟量检测结果约为 78000m³/h,站台公共区排烟量检测结果约为 44500m³/h,实际检测值可满足设计要求。但设计过程中应注意如下内容:风机风量、全压应按较大防烟分区面积设计选型,但对于较小面积的防烟分区排烟风管而言,理论上会造成该区域的管道风速增加,风管阻力增大,整个系统排烟量减少,可能会小于设计排烟量。因此,在较小面积防烟分区风管水力计算时,应采用选型风机的风量来校核其管道实际排烟量,保证风量能同时满足两个防烟分区的排烟量要求。具体计算选型过程如下:

1) 计算站厅管网排烟量、总阻力,根据计算结果选择合适的风机;

2) 计算站台管网排烟量,根据排烟量计算管网阻力,得出站台层排烟管网特性曲线;

3) 根据风机特性曲和站台层排烟管网特性曲线,校核该风机在站台排烟工况下的实际排烟量是否满足站台设计排烟量要求。

(2) 公共区空调系统均匀送风计算

通过对若干个车站站厅公共区通风空调系统进行测试,发现两个普遍现象:

1) 采用干管上开设送风口的系统,在靠近送风端的 1~2 个风口风量较小,甚至出现倒吸现象,如图 2-1 中送风口 BS1、BS2。

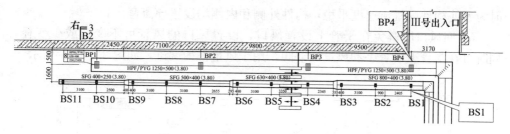

图 2-1　站厅层公共区 B 端风口测点图

原因分析：靠近风机端送风口风量较小，风管末端风量较大。究其原因，随着空气从沿途的风口送出，风管内风量不断减少，流速和动压相应降低，因而所复得的静压值也随之增大。表现在气流出口方向上处于风管首端风口的气流几乎平行于风管轴线，然后逐渐地改变方向，到接近末端风口时气流几乎与轴线垂直，因此末端风口送风量较大。靠近风机处风管风速较大，动压较大，静压可能出现负值而出现风口倒吸现象。

2）公共区回风兼排烟风管的主管上开设风口，回风工况下，在靠近风机的风口风速偏大，并因此出现不同程度的"哨子"噪声，如图 2-1 中回风口 BP4。

地铁车站公共区域的空调系统常采用长风管，其风量的合理分布直接关系着公共区的舒适度。目前国内外在长风管通风系统中调节风量分配时，主要采用改变风管断面面积，改变送、回风口面积，或在送、回风支管上加设调节阀等几种方法。这些方法往往存在调节困难、管段阻力大、调节效果差、管材浪费等不足，而且难以达到均匀送风的目的。

建议措施：

① 设计中应避免在干管上设置风口，风口宜设置在支管上，且支管风速宜控制在 4～6m/s。送风管上风量调配宜采用 Y 形三通、裤衩三通［见图 2-2 (a)］等具有对称性的风管附件。风管的断面应向末端方向逐渐缩小，使富余的动压转换为静压，使风管全长上静压保持基本恒定，做到均匀送风。

② 可在主风管上采用"嵌入式流量调节风管构件"，改进传统调节方式中的不足。"嵌入式流量调节风管构件"示意图如图 2-2 (b) 所示，安装时可以直接将调节构件嵌入主风管，工艺简单，便于装卸。调节构件上带调节定位孔的手动调节拉杆，拉杆上按照一定距离设置一系列定位孔，主风管外侧壁面上固定安装有拉杆定位插销，可以插入定位孔，以固定手动调节拉杆的位置。手动调节拉杆的一端连接在活动导流板的前端，活动导流板可以绕活动铰点转动。需要改变风量时，可以调节蝶形螺母或拉杆，以改变构件气流入口截面积 S_2，使得 S_2 占主风管截面积 S_1 的比例变化，最终达到按照需要定量分配气流的目的。在这个过程中并不需要改变主风管的截面积。这种风管构件便于操作，调节灵敏度高。同

时为了使构件内气流速度平稳,构件外侧和内侧均设置导流弯。

③ 回风口应避免在干管上设置风口,设置风口的风管可不变径或少变径,同时可在支管上设置手动风量调节阀,用于风量平衡调试,如图 2-2（a）所示。

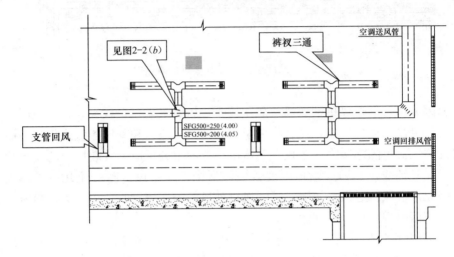

图 2-2（a） 建议优化的送回风风管布置图

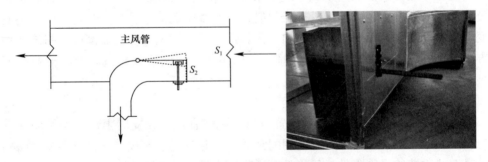

图 2-2（b） 嵌入式流量调节风管构件示意图

(3) 采用全空气系统的设备区人员管理用房,夏季制冷时出现靠近送风端的房间过冷,最不利末端房间空调效果不明显的现象。

原因分析：风量未调节平衡,靠近送风端送风量偏大,末端风量偏小。

建议措施：对于采用全空气系统的已建成车站,可以采用在房间送风口或送风支管上增设电动风量调节阀的方法,根据房间内人员舒适度需求调节空调送风量。该风阀采用现场手动控制,其装置类似于风机盘管控制开关设置于房间内,通过控制电缆与风阀连接。当工作人员感觉房间内温度过低时,调小风阀开度,减少房间送风量,反之调大风阀开度,增大房间送风量,满足人性化需求。

此方案已在部分已建成地铁工程中成功应用,效果较好。

2. 空调水系统水力平衡

（1）设备区人员管理用房采用"风机盘管+小新风系统"的车站，出现靠近冷源端房间过冷，最不利末端房间无明显制冷效果的现象。

地铁车站空调水系统一般采用异程式布置，此形势下冷冻水量分配容易发生不平衡，可能出现"近冷远热"的现象。建议在该回路的回水总管上设置动态流量平衡阀，根据该回路最不利末端供回水最小资用压差控制平衡阀的开度。传感器设置在最不利末端供回水管上，采用压差控制方式，保证每一房间的用冷需求。该控制方法亦称为"末端压差控制法"，如图 2-3 所示，其中回路 1、2 为大系统组合式空调器回路，回路 3 为设备区小系统回路，FCU 表示多组风机盘管回路。

部分负荷下，室内温控器根据室内温度的变化改变控制阀的开度，末端支路两端作用压差随末端调节阀开度的改变而改变。

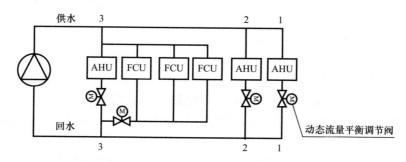

图 2-3 采用末端压差控制法地铁车站水力系统简化图

（2）空调水泵单台泵运行时过流

地铁车站空调水泵一般选择两台，设计时按两台泵同时运行计算管路阻力，当水泵单台运行时，管网阻力变小，水泵工作点发生变化，流量增大，产生过流现象，严重时可能烧毁电机。

图 2-4 所示曲线 1 为管路特性曲线，曲线 2 为单台水泵工作特性曲线，曲线 3 为两台型号相同水泵并联运行曲线。

管路水力计算时，按照两台水泵并联的总流量 Q_1 计算最不利环路的水力损失，选择水泵的扬程。当仅单台水泵运行时，管路水力损失从 H_1 下降到 H_2，此时流量 $Q_2 > Q_1/2$，即单台水泵运行时的流量大于两台泵同时运行时的单台水泵流量（c 点对应流量），造成水泵的过流，当过流较大时，便会造成水泵功

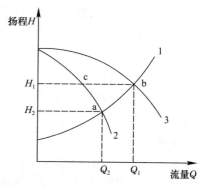

图 2-4 水泵并联运行示意图

率过大，有可能烧毁电机。

发生过流时，一般有三种解决办法：

1) 更换合适的水泵，使水泵单台运行时，实际工作点位于水泵特性曲线上，且水泵产品及控制箱元器件设计中应留有适当富裕量。

2) 在水泵出口端设置阀门，如限流止回阀、静态平衡阀等，通过调节阀门开度，节流运行。这种是通过增加系统阻力，改变管路特性曲线的方式，使 a 点尽量靠近 c 点。

3) 水泵采用变频控制，通过计算设置单台水泵运行时变频上限，改变水泵特性曲线，从而避免过流烧毁电机。

虽然方案 2) 能够解决问题、不用更换水泵，但从节能角度上来说是造成能源浪费的。

因此，水泵选型设计时应注意以下步骤：

1) 按两台泵同时运行工况计算并绘制水系统管网的阻力特性曲线 1。

2) 根据样本选择水泵，并绘制两台水泵并联运行时的水泵特性曲线 3 和单台水泵运行时水泵特性曲线 2。

3) 得出曲线 2 和曲线 1 的交叉点对应的水泵流量，并计算此状态下水泵的效率和功率，校核水泵是否过流。若过流应重新选择水泵。

4) 选择水泵时应选择曲线斜率较平缓的设备，避免选择特性曲线为陡降型或驼峰形的设备。

(3) 空调水泵扬程选择过小，末端流量偏小。出现这种情况，只能更换水泵。

3. 空调负荷计算

车站公共区空调负荷计算应注意以下问题：

(1) 大系统空调负荷由车站得热（人员、设备、传热、辐射负荷）、新风负荷组成。对于地铁工程，由于存在屏蔽门渗透风的影响，空调负荷的组成主要由车站得热、屏蔽门渗透负荷和满足人员最小新风要求的新风负荷中大者组成。

(2) 根据空气调节原理，空调送风量为建筑得热与室内设计状态点和送风状态点焓差的比值。但通过对国内多条地铁工程设计的调研发现，设计中普遍按照人员、设备、传热的累加作为建筑得热来计算空调送风量，而将屏蔽门的渗透负荷累加在空调器制冷量的选型中，忽视了屏蔽门渗透负荷对计算空调送风量的影响。在屏蔽门渗透负荷大于新风负荷，甚至相差很大的情况下，这种计算方法是不合理的。

图 2-5 (a) 为简化后的车站公共区空气处理过程。W 为室外空气状态点，N 为室内设计空气状态点，M 为新回风混合后的空气状态点，S 为送风状态点。空调器的制冷能力 Q 的计算公式为：

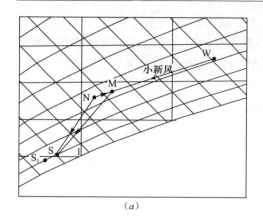 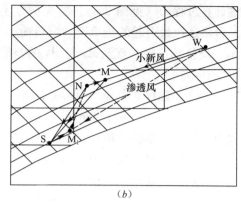

(a) (b)

图 2-5 简化后的车站公共区空气处理过程

$$Q = L \cdot (h_M - h_S) = L \cdot (h_N - h_S) + L_X \cdot (h_W - h_N)$$

式中　L——空调器送风量，kg/s；

L_X——新风量，kg/s；

h_N——室内空气状态点 N 对应的焓值，kJ/kg；

h_S——送风空气状态点 S 对应的焓值，kJ/kg；

h_M——新回风混合后空气状态点 M 对应的焓值，kJ/kg；

h_W——室外空气状态点 W 对应的焓值，kJ/kg。

由焓湿图及上述计算公式可以看出，若按照人员、设备传热的累加作为建筑得热计算空调送风量 L，新风量按照满足人员最小新风要求进行计算，空调器的制冷能力（考虑屏蔽门渗透负荷后）大于送风量 L 能携带的冷负荷"$L \cdot (h_N - h_S)$"，其结果是，实际送风温度比设计送风温度低，即设计的 S 点向 S_1 点偏移，可能出现送风温度低于室内空气露点温度的情况，同时存在表冷器无法处理到 S_1 点，制冷量不满足要求的可能。

因此，得热负荷应包含屏蔽门的渗透负荷，同时，计算的得湿量也应包含屏蔽门的渗透负荷，即整个的处理过程应包含出入口渗透风与室内空气混合的过程（渗透风与送风混合后达到室内状态点），如图 2-5（b）虚线所示。

为简化计算，采取将渗透风的负荷累加至得热量、得湿量中，然后采取图 2-5（a）所示的处理流程，其计算过程如下：

假设屏蔽门漏风量为 $6.1\text{m}^3/\text{s}$，其空调送风量

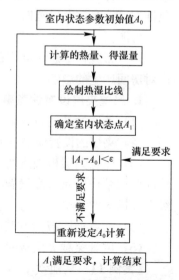

图 2-6　考虑渗透风负荷的送风量计算迭代示意图

的计算过程为（见图2-6）：首先假定室内的状态参数点A_0，然后计算出站厅、站台渗透风量引起的热负荷、湿负荷，绘制热湿比线，重新确定室内状态参数点A_1，反复此过程，直至A_0与A_1的差值在允许范围内，计算通过，迭代停止。

其中：

$$站厅热负荷 = (6.1-站厅新风-站台新风) \times (h_w - h_1)$$

$$站台热负荷 = (6.1-站台新风) \times (h_1 - h_2)$$

式中　h_w——室外焓值；

　　　h_1——站厅层焓值；

　　　h_2——站台层焓值。

2.1.2　土建夹层设计

车站通风空调系统中一般在下列位置需要设置夹层：

(1) 风管穿楼梯间、气瓶间、车控室等不允许无关管线穿越的区域。

(2) 在新、排风道上方。

(3) 轨顶风道接入排热风室，排热风室宽度不够时，在临近房间的上方区域等。

设置夹层有以下几个优点：

(1) 将管线与重要房间进行隔离，保证重要房间完整性的同时满足其他管线的通行要求。

(2) 将不同类型的风道进行有效的隔离，保证风道的防火、密闭要求。如避免排烟风管穿越新风道时烟气泄露到新风道、卫生间排风管内的臭气泄露到新风道的可能。

(3) 布置在敏感房间内的设备、管线，通过设置夹层可以避免设备和管道噪声对房间产生的影响。

1. 风道夹层设置注意事项及案例

(1) 能通过其他方式解决风路问题的，尽量不考虑设夹层，如案例1。

(2) 夹层的设置应注意夹层内结构梁、柱等对管线布置的影响，如案例2、3。

(3) 注意夹层板圈梁的影响。当圈梁高度大于板厚时，暖通专业应根据实际情况要求结构专业将圈梁做在板下或者采取其他措施解决，如不做圈梁，或只做纵向或横向的双梁。

(4) 注意夹层板上方四周砌体墙的完整性及准确性。

(5) 风管穿越夹层板时应预留相应孔洞。

【案例1】 某地铁车站，如图2-7所示，通过风道夹层将左侧新风道的新风引至右侧的下一层通风空调机房，同时本层新风从夹层侧壁开孔取风，夹层设置净高800mm。

2.1 图纸设计

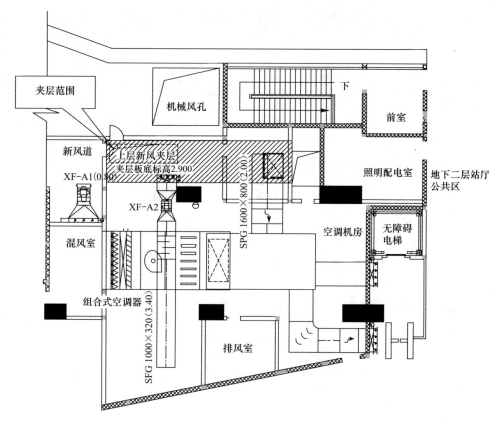

图 2-7 原设计夹层布置图

观察发现:纵梁高 1200mm,扣除板厚的板下梁高 800mm,与夹层净高相同。新风管与风道夹层难以接驳,风管必须从夹层底部进行接驳,如图 2-8 所示。

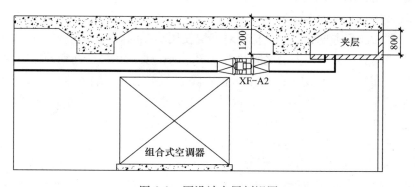

图 2-8 原设计夹层剖视图

图 2-9 为取消夹层的优化方案。由于取消了夹层板的设计,砌块墙的砌筑比混凝土板的浇筑相对更简单,方便了土建施工,同时管道与风道接驳更加方便。

19

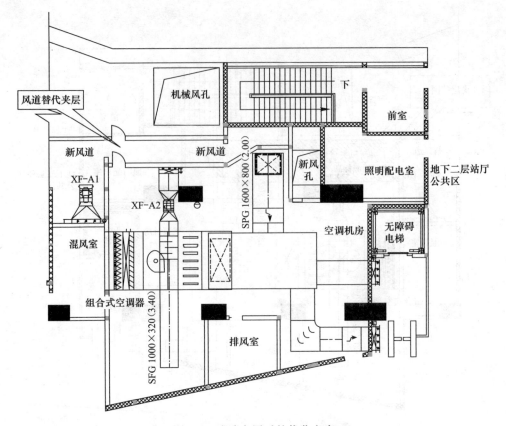

图 2-9　取消夹层后的优化方案

【案例 2】 某地铁车站，如图 2-10 和图 2-11 所示，在卫生间上方布置有为设备房间、走道服务的送、排风风机和管道，为了避免风机噪声对卫生间产生的影响，设计中设置了夹层。

该案例为没有考虑到既有结构梁对夹层使用功能的影响的典型案例。如图 2-10 所示，外墙梁下与夹层板上沿之间净高仅 380mm，夹层内风管与室外接驳困难。

实际上布置在该夹层内的若干风机，除了不常用的排烟风机外，其他两台风机的风量较小（不到 $5000m^3/h$），设计可以通过选用低噪声的箱式风机，满足设备传到非工作用房不大于 60dB 的噪声要求，避免设置夹层。

若必须设置夹层，夹层高度应考虑受结构梁的影响，设置标高合适的夹层板，既能满足下部卫生间净高要求，同时也满足夹层内管道的接驳空间。

【案例 3】 某地面车站站厅层，净高 4.50m，大系统送、回风管（2200mm×630mm）由空调机房穿越公共区卫生间到站厅公共区。设计在公共区卫生间范围标高 3.50m 上设置风道夹层，如图 2-12 和图 2-13 所示。此案例性质同案例 2 一样，设计中未考虑结构梁对夹层内管线通行的影响。

2.1 图纸设计

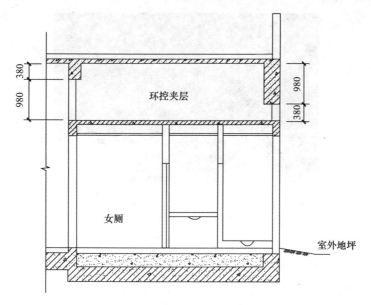

图 2-10 夹层剖面图

图 2-11 夹层实景照片

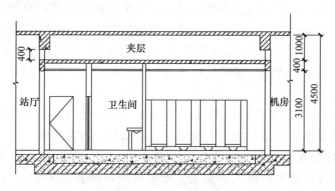

图 2-12 夹层剖视图

图 2-13 夹层周围圈梁凿除实景图

2. 土建夹层板的替代

夹层板的施工一般由车站土建施工单位完成,车站墙体的砌筑一般由机电及装修施工单位完成。落在墙体上的夹层板往往需要在墙体和构造柱完成到一定高度后进行制模、配筋和浇筑,于是存在施工界面难以保证的情况(夹层范围小,下部房间空间小),给土建施工带来了一定的难度。因此,有的城市提出采用其他轻型材料替代混凝土夹层板的可能。根据调研,主要的做法有两种:

(1) 采用火克板、防火板替代混凝土夹层板。

(2) 采用钢板替代混凝土夹层板。

夹层板主要设置目的一方面是将夹层板上下空间进行有效的防火分隔,二是隔断夹层板上方的设备噪声,三是满足基本的检修通行功能。因此,如果能满足上述功能,采用施工技术简单的合格材料替代混凝土夹层是可行的。

2.1.3 冷却塔的布置

【案例 1】 冷却水泵自灌式吸水要求

某城市地铁车站站厅位于地面一层,站台位于地下一层,冷却塔设置于室外绿化地面上,冷却水泵设置在地面一层冷水机房内,冷水机房装修完成面较室外地面标高约高 1.0m。空调水系统调试时未出现问题,但在系统停机后再次启动整个系统时,出现了冷却水系统流量不足、冷水机组无法开启现象。

(1) 原因分析

1) 冷却塔的混凝土基础高 0.5m,其出水管中心标高低于冷却水泵吸入口标高,初次调试时整个管路均由人工灌满水,启动及运行无问题。

2) 由于冷却水泵吸入口标高高于冷却塔集水盘,停泵后水流由重力作用进入集水盘,导致冷却水泵吸入管无水。水泵再次开启时吸入空气,水流量不足,系统无法运行。

2.1 图纸设计

(2) 解决方案探讨

解决这个问题的关键在于保证冷却水泵回水管上一直处于充满水状态。可采取如下几种措施：

1) 将冷却水泵移至冷却塔旁边，确保冷却水泵吸水管安装标高降低至冷却塔集水盘以下，停泵后吸水管内水不产生倒流。

2) 将冷却塔设备基础加高，确保冷却塔集水盘高于冷却水泵吸水管标高，停泵后吸水管内水不产生倒流。

3) 冷却水泵吸水管上加设管道泵，水泵开启前，采用管道泵先运行以保证吸水管内充满水，然后再开启冷却水泵。

4) 冷却水系统采用闭式系统。

上述 4 种措施的优缺点对比如表 2-1 所示。

四种解决措施的优缺点对比表　　　　　　　　表 2-1

方案描述	优　点	缺　点
措施 1)：冷却水泵移位方案	直接将冷却水泵移至冷却塔处，仅增加施工费用，不需更换水泵，维持原系统方案不变； 改造方案简单，系统稳定可靠	冷却水管线需要进行调整； 水泵的配电及控制电缆需要相应的改迁到室外； 由于水泵在露天运行，需要做好防水、防尘保护措施
措施 2)：调整冷却塔标高方案	仅调整与冷却塔集水盘接口处的接管，其他区域无需调整； 改造方案简单，系统稳定可靠	冷却塔需拆除并重新安装； 冷却塔设备基础需要重新加高
措施 3)：增设管道泵方案	在管路上串联一管道泵即可，投资少； 水管管线基本上不用调整，改造工程量少	需要增加管道泵的联动控制措施，系统较复杂且可靠性不高； 增加管道泵配电措施，需要低压配电增设配电回路
措施 4)：采用闭式冷却水系统	水管管线基本上不用调整，仅调整设备； 冷却水水质有所改善	原冷却塔废弃，重新采购安装闭式冷却塔，增加工程量与造价； 需要核实冷却水泵扬程是否满足系统管网阻力要求

(3) 解决措施及调试效果

由于现场冷却水泵与冷却塔均已安装完成，为减少改造费用，提高系统的稳定性与可靠性，决定采用方案 1)。改造完成后，整个系统调试、运行正常。

(4) 经验教训

地面车站屋顶一般设置有造型，冷却塔无法设置在屋面上。因此，在考虑冷却塔位置时，除注重城市美观、噪声扰民等问题外，还应保证系统功能性要求，确保系统简单、经济、可靠。

【案例 2】 冷却塔与风亭、疏散口合建

如图 2-14 所示，冷却塔置于高风亭顶部时，应注意以下几个方面：

(1) 应提醒给水排水专业，结合城市自来水管网的压力情况提供有效的补水措施。一般来说，城市自来水管网压力在一天当中是随机波动的，尤其在夏天，

图 2-14 冷却塔放置于风亭顶部实景图

空调负荷和冷却水补水量均较大,而此时也是城市用水量最大的季节,城市供水压力处于波谷状态,市政管网资用压力较低,可能无法保证高风亭顶部冷却塔的补水压力要求。

设计过程中应及时与水务部门进行对接,获取市政水压、水量等参数,并按市政最低水压值校核冷却塔的补水压力值,如不满足要求应考虑加设贮水增压措施。

(2) 应注意向建筑或装修专业(部分工程还涉及工艺美术专业)提供冷却塔通风要求,防止外包装饰影响冷却塔的通风功能。

(3) 冷却塔位于高风亭上时,周边一般比较空旷,应给低压配电专业提资,要求冷却塔采取相应的防雷措施。

(4) 冷却塔设备需经常检修,应要求建筑设置通向高风亭冷却塔处的爬梯。爬梯应耐腐蚀,并应有防止无关人员进入的相关措施。

【案例 3】 冷却塔布置于树荫下

冷却塔布置于树荫下时,应避免落叶、枯枝、飞絮、果子进入冷却水循环系统而产生潜在风险。图 2-15 为某城市地铁车站室外冷却塔布置在梧桐树下的案

图 2-15 冷却塔布置在树荫下的实景图

2.1 图纸设计

例。梧桐树的飞絮、枯叶等不断落在冷却塔内,不仅给运营维护工作带来很大的不便,同时也影响冷却塔的正常使用。

【案例 4】 冷却塔的布置应满足设备通风及检修功能要求

图 2-16 所示为冷却塔布置于高架桥下方的案例。冷却塔顶部排风口与高架桥之间间距过低,影响冷却塔的通风散热功能。

图 2-16 冷却塔布置载高架桥下的实景图

冷却塔侧的进风口以及冷却塔顶部的排风口均应与外部障碍物保证足够的间距,满足冷却塔通风及检修需求。规范中对此有如下规定:冷却塔进风侧离建筑物的距离,宜大于进风口高度的 2 倍;冷却塔四周除满足通风要求和管道安装位置外,还应留有检修通道,通道净距不宜小于 1.0m。

因此,在进行冷却塔布置时,应注意如下几点:

(1) 方形横流式冷却塔一般为双侧进风塔,根据冷却塔的占地要求,做到进风面平行于夏季主导风向。

(2) 冷却塔离建筑物或围挡的距离,必须满足大于进风面高度的 2 倍,否则将极大地影响通风换热效果。当为通透性围挡时,可以根据冷却塔风量核算进风风速,适当放宽条件。

(3) 冷却塔布置时,要求设备接管侧保证 3m 净空,非接管侧保证 1m 净空。

【案例 5】 冷却塔的布置应满足运营维护安全要求

冷却塔的布置应保证正常运营维护的安全,应与室外危险源保证一定的安全距离。图 2-17 所示为室外冷却塔布置在高架电线下方的案例。该案例中冷却塔顶部与上方高压线的垂直间距不足 4m,运营人员站在冷却塔上方检修时,存在很大的触电隐患,在后续设计中应引起注意。

【案例 6】 冷却塔的布置应满足环评要求

根据《地铁设计规范》GB 50017—2013 第 29.3.4 条要求,冷却塔与敏感建筑之间的噪声防护距离应根据不同声环境功能类别进行选取布置,如表 2-2 所示。

图 2-17　冷却塔布置在高压线下的实景图

冷却塔距敏感建筑之间的噪声防护距离　　　　　　　　　　　表 2-2

声环境功能区类别	各环境功能区敏感点	风亭、冷却塔边界与敏感建筑物的水平间距（m）	噪声限值[dB（A）]	
			昼间	夜间
1 类	居住、医疗、文教、科研区的敏感点	≥30	55	45
2 类	居住、商业、工业混合区的敏感点	≥20	60	50
3 类	工业区的敏感点	≥10	65	55
4a 类	城市轨道交通两侧区域的敏感点	≥10*	70	55

* 在有条件的新区，宜不小于 15m。

根据已建成地铁车站经验发现，即使冷却塔的设计在轨道交通用地红线范围内，冷却塔与敏感点建筑之间的距离满足规范与环评要求，仍会发生个别车站冷却塔噪声扰民现象，引起居民投诉。主要原因有如下几个方面：

（1）轨道交通用地红线内的居住建筑短时间内无法实现拆迁，甚至永久无法拆迁，迫使改变用地红线的情况。图 2-18 所示属于此类情况，图中无法拆迁的居住建筑与冷却塔的直线距离不足 5m，远小于表 2-2 中 20m 的最小间距要求。

图 2-18　冷却塔紧邻无法拆迁的居住建筑

(2) 轨道交通建设时期较长,后期车站周围的用地功能规划发生变化,造成设计与现场不一致。

(3) 即使冷却塔的设计及安装都能满足规范及环评要求,但由于附近居民的对噪声较敏感,也会引起投诉。

若遇到上述(1)、(2)种情况,当冷却塔还没有安装时,应优先通过业主组织与规划进行协调,调整冷却塔的选址,尽量减少冷却塔对周围居民的影响。当周围的条件不允许冷却塔移动或者冷却塔已完成安装时,可以考虑通过在冷却塔出风口设置导风筒(见图2-19),或者采用设置声屏障等措施(见图2-20)。

图2-19 冷却塔设置导风筒措施　　　图2-20 冷却塔设置声屏障措施

【案例7】 冷却塔噪声引起投诉案例

某城市地铁车站冷却塔投入运营后,周边居民投诉其运行时噪声扰民。表2-3和表2-4为对该冷却塔周围噪声的测试结果。

昼间设备噪声值　　　　　　　　　　　　　　　表2-3

冷却塔参数	冷却塔数量	测点位置		
		两台冷却塔进风面1.8m处的噪声值(dB(A))	两台冷却塔进风面3m处的噪声值(dB(A))	两台冷却塔进风面5m处的噪声值(dB(A))
$Q=155m^3/h$ $N=4kW$	2台	73.67	67.59	65.39
		两台冷却塔进风面7m处的噪声值(dB(A))	两台冷却塔进风面9m处的噪声值(dB(A))	两台冷却塔进风面11m处的噪声值(dB(A))
		64.39	64.82	63.51

夜间设备噪声值　　　　　　　　　　　　　　　表2-4

冷却塔参数	冷却塔数量	测点位置		
		两台冷却塔进风面1.8m处的噪声值(dB(A))	两台冷却塔进风面3m处的噪声值(dB(A))	两台冷却塔进风面5m处的噪声值(dB(A))
$Q=155m^3/h$ $N=4kW$	2台	72.25	67.7	63.89
		两台冷却塔进风面7m处的噪声值(dB(A))	两台冷却塔进风面9m处的噪声值(dB(A))	两台冷却塔进风面11m处的噪声值(dB(A))
		64.93	62.71	63.5

注:昼间背景噪声值为56.7dB(A),夜间背景噪声值为51.57dB(A)。

表中测量值均大于昼间环境噪声≤60dB（A）、夜间环境噪声≤50dB（A）的要求。提出了如下处理措施：

采取在两台冷却塔周围加装全封闭式隔声间，隔声间尺寸为：8230mm（长）×7150mm（宽）×6000mm（高），设计降噪量15～16dB（A）。

（1）隔声间采用单个分块式钢质结构，整体组装的形式。结构底板通过化学锚栓与原有混凝土地面连接，与地面连接处做好防水处理；各侧面及顶面构件之间采用拉铆或螺栓方式连接。

（2）各构件之间连接紧密，有缝隙处用密封胶封闭。

（3）隔声板外板采用铝合金板，内贴高容重离心玻璃吸声棉，外包无碱憎水玻璃布加铝合金孔板护面，隔声板本身隔声量＞20dB（A）。

（4）如图2-21～图2-24所示，北侧和南侧采用吸隔声板封闭，其规格为：7150mm（长）×6000mm（高）；东侧采用折板式进风消声器，其规格为：8230mm（宽）×4500mm（高）×1000mm（长）；西侧采用阻性片式进风消声器，其规格为：8230mm（宽）×4500mm（高）×1000mm（长）；顶部采用阻性片式排风消声器，其规格为：5400mm（宽）×8230mm（长）×1500mm（高）。

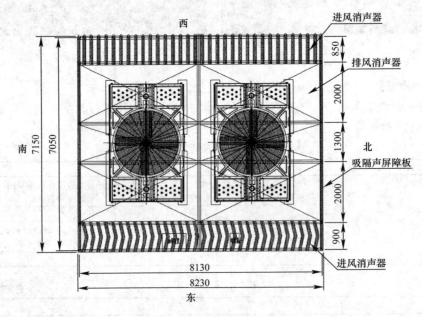

图2-21 全封闭隔声间平面布置图

（5）进排风消声器，其消声量要求在15dB（A）以上，片间风速不大于4m/s，消声片孔板采用铝合金孔板护面，骨架采用镀锌板制作，玻璃棉为高容重离心玻璃吸声棉外包无碱憎水玻璃布。

（6）为保证降噪设备的使用寿命，所有设备均进行防腐处理，其中钢结构均

2.1 图纸设计

进行热镀锌处理；吸隔声板及排风消声器外板、孔板均进行喷塑处理，其颜色与现有围栏颜色一致。

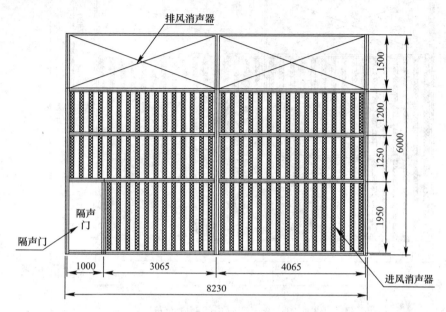

图 2-22　全封闭隔声间东立面布置图

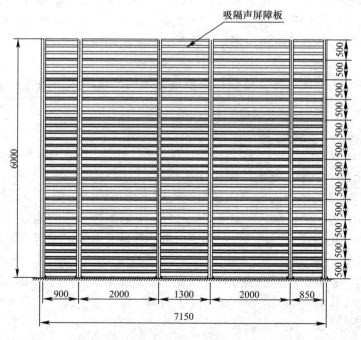

图 2-23　全封闭隔声间南北立面布置图

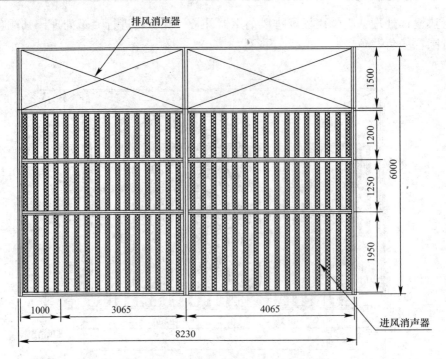

图 2-24 全封闭隔声间西立面布置图

现场改造施工时,为控制造价,决定采用分步实施方案,具体如下:
(1) 安装东侧折板式消声器,南、北两侧的隔声板,安装完成后测试降噪效果;
(2) 安装冷却塔顶部消声器,安装完成后测试降噪效果;
(3) 安装西侧消声器,安装完成后测试降噪效果。

现场安装每完成一步,便测试降噪效果,如发现冷却塔的噪声低于背景噪声,满足要求,则不再进行后续改造。

2.1.4 结构反梁的要求

1. 梁上翻、下翻的基本原则和范围

地下车站层高和空间有限,各专业管线、桥架较多,为保证管线下方的净高,尤其是走道、公共区的净高要求,一般会在管线较复杂的地方要求顶板结构梁上翻。同时在站台板下,为保证轨底风道的贯通及板下电缆等管线的通行,要求结构底纵梁下翻。

结构梁上、下翻应遵循的原则:结构梁上翻、下翻的高度、范围应根据管线通行、设备安装的实际需求向土建专业提资料,避免笼统含糊,夸大范围地提要求,给结构设计及安全性带来影响。

一般而言,对于标准车站,结构梁上翻的范围主要为:站厅设备区(含风道

2.1 图纸设计

范围）顶纵梁、公共区临近设备区侧的第一跨顶纵梁。如图 2-25 阴影部分。

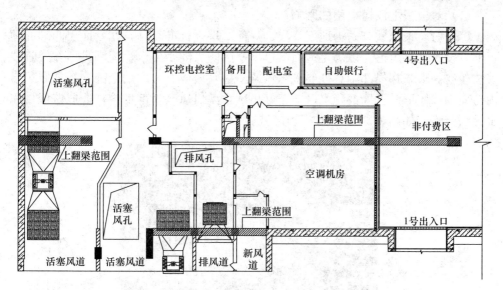

图 2-25　顶板纵梁上翻范围示意图

结构梁下翻的范围一般为：站台板下轨底风道、电缆管线通过处的底纵梁，如图 2-26 虚线部分。

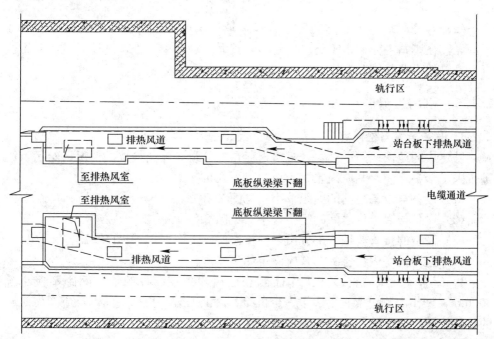

图 2-26　底板纵梁下翻范围示意图

31

2. 顶板梁上翻可能带来的不利影响

（1）对顶板上风道夹层的影响

【案例】 某地铁车站为地下2层（局部3层）标准车站，在站厅层两端的顶板上方设置夹层风道，以满足地面敞口风亭的防火间距要求。为满足站厅层管线安装净空需求，在局部困难处要求结构梁上翻，但没有考虑到上翻梁在夹层风道内与周围墙体形成了局部积水区，正好出现在敞口风亭口部下方，造成该区域积水无法排除，如图2-27所示左下角区域。

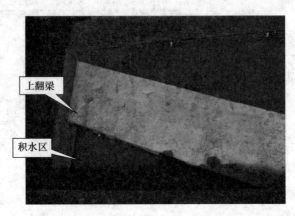

图2-27 敞口风亭下上翻梁形成的积水区

（2）有些车站顶板上方的覆土较浅，顶板梁的上翻可能会影响市政管线通行，尤其在车站主体跨十字路口处，影响较大。对此类工程，设计人员应着重注意上翻梁的设置范围和高度。

2.1.5 机房设计

1. 设备布置与检修

已建成的地铁线路中，空调机房内存在部分设备无法检修的情况，给运营维护带来了众多不便，其原因主要表现为以下几个方面：

（1）设备与设备之间的间距偏小（见图2-28）；

（2）设备与墙、柱之间的间距偏小（见图2-29和图2-30）；

（3）设备的接管遮挡了部分设备的检修门（见图2-31和图2-32）。

（1）空调机房内设备的布置应满足如下要求：

1）组合式空调器整机非操作面侧和送风段离墙、柱的最小间距不应小于800mm，操作面侧应留有不少于一台机组宽度的安装、检修空间，且应考虑足够的整机按功能段拆除的活动空间要求。

2）柜式空调器风量超过8000m^3/h时宜选用立式落地安装机组，机组操作面侧距离墙壁等障碍物应大于2500mm，其他面应保证不小于800mm的空间以

2.1 图纸设计

方便检修人员操作。柜式空调器风量小于 $8000m^3/h$ 时可采用吊装方式，安装时在操作侧（接线、接管侧）留有不小于 800mm 的空间方便检修，其滤网抽出位置应考虑留有适当的抽出空间，同时机组下方不应设有影响其整体拆装的管线。

图 2-28 设备之间间距过小

图 2-29 空调器的接管阻碍回风过滤网检修

图 2-30 接管后无检修通行路径

图 2-31 接管阻挡空调器检修门的开启

图 2-32 空调器接管整改后的实景图

3）风机的操作面侧（接线侧）应留有不少于 600mm 的安装、检修空间，非操作面离其他管线、墙、柱距离应不少于 200mm，风机的下部不应设有其他任何影响风机整体拆装的管线。

4）平衡阀应考虑其检修所需要的空间，与上部管线间的距离一般控制在 400～500mm。

（2）冷水机房内设备布置应满足如下要求：

1）冷水机组布置要求：根据 GB 50736—2012 第 8.10.2 条要求，冷水机组布置应遵循如下原则：

① 冷水机组与墙体距离不小于 1m，与配电柜距离不小于 1.5m；

② 机组与其他设备之间净距不小于 1.2m；

③ 机组与上方管道、桥架净距不小于 1m；

④ 机房主要通道的宽度不小于 1.5m。

2）水泵布置要求：根据 GB 50015—2003（2009 年版）第 3.8.14 条要求，水泵机组外轮廓与墙和相邻机组间的间距应满足表 2-5 的要求。

水泵机组外轮廓与墙、相邻机组间的间距要求　　表 2-5

电动机额定功率（kW）	水泵机组外廓面与墙面之间最小间距（m）	相邻水泵机组外轮廓面之间最小距离（m）
≤22	0.8	0.4
22～55	1.0	0.8
55～160	1.2	1.2

设计时应严格按规范要求对机房面积进行控制，确保施工完成后有足够的设备检修空间，避免出现空调机房、冷水机房面积狭小，设备布置困难，或无法对设备、管道进行检修的情况。

2. 设备吊装与运输

大型设备如隧道风机、空调器、冷水机组、水泵、消声器等应考虑设备运输路径。施工安装时设备可从地面通过出入口或风井运输至车站机房内，运营后大型设备一般从轨道通过吊装孔进行运输。

吊装孔的设计应注意以下内容：

（1）吊装孔的尺寸不应小于被吊装设备包装尺寸，且吊装孔四周应保证有不少于 0.5m 的安全空间，设置冷水机组一端的吊装孔尺寸一般为 5.0m×3.0m，另一端吊装孔尺寸一般为 4.0m×3.0m。

（2）吊装孔上方应设置必要的吊钩或滑轨等起重措施，如图 2-33 所示。吊装孔周边应留有吊装平台，吊装孔投影范围内不应有梁、设备及管道，避免吊装时对运营产生影响。

（3）单独设置的吊装孔应设置盖板。盖板宜采用轻质型钢盖板，且密闭性好，如图 2-34 所示。

（4）当吊装孔与活塞风孔合设时，活塞风阀不应设置在吊装孔上，吊装孔四周应设置栏杆等防护措施，如图 2-35 所示。

图 2-33　吊装孔上方的滑轨

图 2-34　设置在吊装孔上方的钢盖板

图 2-35　利用活塞风孔做吊装孔时设置的活动栏杆

（5）吊装孔至隧道风机房、冷水机房、空调机房应预留必要的运输通道，运输通道上的隔墙应设置为可拆卸墙体。

3. 机房排水

空调机房、冷水机房应设置可靠的排水设施，且均应设置清洗水槽

［1400mm（长）×700mm（宽）×700mm（高）］，方便空调器表冷器、过滤网、冷水机组换热器的清洗。空调器、冷水机组、水泵等设备均应设有排水措施。排水设计时应注重细节，具体可从如下几方面进行考虑：

（1）空调设备的排水点应接至排水沟

冷水机组、空调水泵、空调器均有最低点的排水要求，这些地方排水点较低，通过管道连接到排水沟比较困难，因此设计人员在设计时应统筹考虑设备的排水点。图2-36是冷水机组排水点距排水沟较远的案例，图2-37是图2-36改造后的效果。

图2-36 排水沟范围未考虑最低点排水　　图2-37 改造后排水沟的范围实景图

（2）防止设备基础周边的排水沟之间形成局部积水区

空调设备四周的排水沟之间形成较小的积水区，该处积水无法排除，如图2-38（a）所示。图2-38（b）是局部回填后的实景效果，可以有效解决积水问题。

(a)　　　　　　　　　　(b)

图2-38 空调器周围的排水沟处理前后对比图

（3）空调器水封的设计

根据《民用建筑供暖通风与空气调节设计规范》GB 50736—2012规定，空调通风系统的设备冷凝水管道,应设置水封。设置水封的主要目的是利用一定高度的静水压力将空调器与外界大气隔绝,同时排除冷凝水。

表冷段一般位于空调器负压段,水封高度设置过低时,在外界大气压力的作用下,冷凝水不能及时有效地排出,影响表冷器的制冷能力,同时室内空气可能通过冷凝水管被吸入空调器,影响空气品质。

在实际应用中常遇到空调器的水封高度偏低、制作不规范、甚至未设置水封的现象,不满足使用要求。因此,设计中应对水封的做法和高度进行必要的规定。要保证水封的作用应使水封压力大于外界压力10%以上。一般而言,处于空调器负压段的水封高度可按下面经验公式进行估算:

H_2=空调器负压压力值 $P/10+50$,mm

H_1=空调器负压压力值 $P/20+50$,mm

其中,H_1、H_2 代表 U 形水封两侧的高度,如图 2-39 所示。

4. 冷水机组冷媒释放管的设置

《民用建筑供暖通风与空气调节设计规范》GB 50736—2012 第 8.10.1 条规定:机组制冷剂安全阀的泄压管应接至室外安全处。冷水机组蒸发器、油分离器上均设置有冷媒泄压口,泄压口前安装有双安全阀,保证一只阀维修时,另一只阀能正常工作。冷媒泄压管的设计一般应满足如下要求:

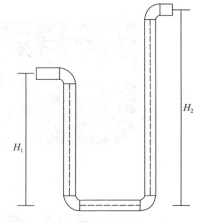

图 2-39 空调器水封构造示意图

(1) 与安全阀连接的泄压管应采用柔性连接。

(2) 安全阀的物理接口应根据冷水机组厂家提供的资料确定。

(3) 冷水机组安全阀的泄压压力及排气量应由厂家提供。

(4) 泄压管管径设计时应根据冷水机组厂家提供的泄压压力、排气量及泄压管管道长度进行确定,当多支泄压管接入主管时,可采用如下公式计算总管管径:

$$D_{总管} = (D_1^2 + D_2^2 + \cdots + D_n^2)^{0.5}$$

(5) 冷媒泄压管应经排风道、排风井接至室外安全处。

图 2-40 冷水机组冷媒泄压管安装示意图

图 2-40 为冷媒泄压管与安全阀接管示意图,设计时可作参考。

2.1.6 隧道风系统的设计

1. 天圆地方的制作

施工单位对隧道风机前后的天圆地方工艺制作水平参差不齐。个别单位未按照设计的天圆地方进行放样，随意制作，造成局部风压损失增大，导致系统风量损失严重，如图 2-41 (a) 所示；有的随意改变天圆地方的长度，增大了天圆地方渐扩角度，影响风机效率和风机风量，如图 2-41 (b) 所示。因此，设计图纸中应明确天圆地方的尺寸，一般按照变径管长度不小于风机叶轮直径设置（一般长 2.0m），如图 2-42 所示。

(a) （b)

图 2-41 天圆地方长度不满足设计要求案例

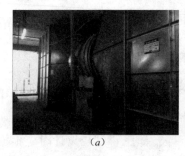 

(a) （b)

图 2-42 天圆地方制作标准案例

天圆地方设计主要注意事项：

(1) 设计中应避免"消声器＋天圆地方＋风机＋天圆地方＋消声器"组合安装范围内出现较大的下翻梁或者管沟。当无法避免时，应按照实际条件调整设计。图 2-43 为外挂风道有较大管沟侵入，影响风道内设备安装的情况。

(2) 在结构形式比较特殊时，应绘制能反映结构情况的安装大样图。

(3) 由于全线隧道风机天圆地方长度，两端开口尺寸基本一致，可以考虑将其成品化，由风机厂家附带提供，保证全线工艺制作标准化。

2.1 图纸设计

图 2-43 设置在室外管沟下的风机及天圆地方

2. 组合风阀执行器的安装

在图纸设计中,组合式风阀的布置应注意其执行机构的安装位置。在地铁建设的施工现场,会发现有的立式组合风阀紧紧临近中板风孔设置(见图 2-44),有的将执行机构设置在长短边侧的情况弄错(见图 2-45),有的立式风阀紧紧挨着卧式组合风阀设置(见图 2-46),等等,都造成了执行机构无法正常安装。有的立式风阀执行机构安装后无检修通行空间,如图 2-47 所示。

图 2-44 立式风阀紧邻中板孔洞布置图　　图 2-45 立式风阀执行机构安装在竖向侧布置图

虽然上述图中都采取了相应的措施,但属于事后补救措施,如执行机构安装在洞口边沿,存在维护检修安全性问题;执行机构钢支撑落在卧式风阀上方,对卧式风阀的检修不利。

在风阀的设计中,执行器安装侧应留有不小于 600mm 的安装空间,并考虑必要的人员检修通行要求。且设计人员在设计联络时,应规定执行机构的安装位置,避免厂家现场测量中出现错误。

图 2-46 立式风阀紧邻卧式风阀布置图

图 2-47 执行机构无检修通道

3. 风道内结构片式消声器的封堵

地铁车站中的消声器根据安装位置和安装方式不同分为管道式消声器、金属外壳整体式消声器、结构片式消声器。其中管道式消声器主要安装在机房内的风管上，前后连接风管；金属外壳整体式消声器主要使用在隧道风机前后与天圆地方相连接，一般为落地安装；结构片式消声器主要使用在土建风道内，以土建风道墙壁为外轮廓，根据风道内尺寸按一定的间距以片为单位进行安装。

由于风道内一般有管线通过需求，因此风道内安装的结构片式消声器一般不会按风道整个截面尺寸进行测量安装，必须留给管线安装的空间。此时应在管线安装后进行有效的封堵，保证消声器对风噪的消除效果。一般对结构片式消声器周围空隙的封堵方法有两种：

第一种方法是在设计过程中，采用墙体上预留孔洞的方式，预留好结构片式消声器的安装尺寸。消声器厂家根据现场孔洞尺寸进行测量、供货，如图 2-48 所示。这种封堵方式密封性较好，消声器周围没有缝隙，没有漏风的可能。前提条件是施工单位需要预先预制构造柱和过梁，完成上方的墙体砌筑。

第二种方法是结构片式消声器按设计高度进行供货、安装，并完成相关管线敷设之后，根据消声器与结构顶板的实际间隙，在现场采用钢板等进行封堵。如

图 2-48 墙体预留孔洞的安装方式

2.1 图纸设计

图 2-49 和图 2-50 所示。这种方式操作灵活，可在现场因地制宜进行施工安装，缺点是不能完全保证封堵材料与消声器之间完全密闭，当施工技术较差时漏风很大。

图 2-49 利用钢板对局部管道穿越处进行封堵

图 2-50 利用钢板对镂空部位进行封堵

因此，建议有条件时优先采用土建墙体封堵的方式。设计中消声器在宽度方向上不宜占满整个风道，宜在消声器一侧设计通行检修门，利用检修门上方安装管线，这种情况下消声器的高度方向可以占满整个风道。

4. 区间人防隔断门对活塞风道通风面积的影响

【案例 1】某地铁车站，左线右端活塞风道位于附属外挂区域，风道口部与轨行区交界处设置有区间人防隔断门，该人防门平时处于开启状态，且开启角度为 90°，遮挡了活塞风道的大部分面积，如图 2-51 示。

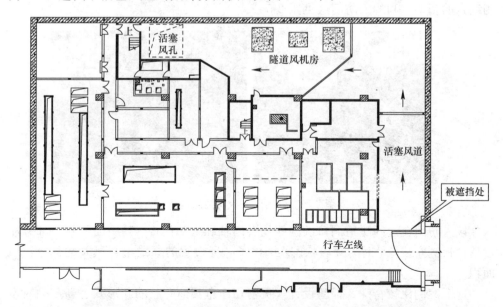
图 2-51 区间人防门挡住活塞风道通风面积的平面图

解决办法：由于人防门尚未安装，通过与人防门设计专业协调，改变人防门的开启方向（左开改为右开），并将站台走道下轨行区的楼梯后退 2.0m，满足人防门开启和维护空间，如图 2-52 所示。

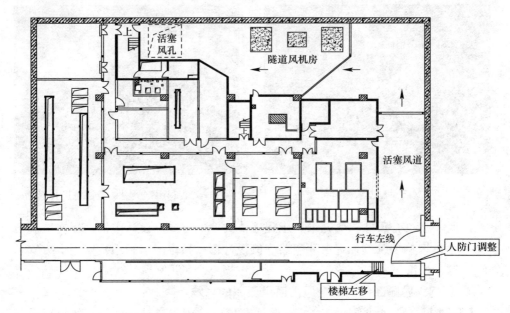

图 2-52 区间人防门开启方向调整后的平面图

【案例 2】 某地铁车站，为避免对接触网的影响，区间人防门采用一种大小相结合的新型专利的人防门（见图 2-53）。

图 2-53 新型专利人防门的构造

该人防门在区间隧道洞口的两侧均有门轴和人防门板。其中面积较小部分靠近站台板侧安装，平时为开启状态，挡住了一旁设置的立式组合风阀的部分过风面积。

这个案例比较特殊，提醒设计人员密切注意其他专业的新形式、新产品对本专业带来的影响。

2.1 图纸设计

设计建议：

（1）暖通专业拿到建筑图纸后，不宜急于将与本专业无关的内容（如门、房间面积）删除，而造成问题的隐藏。

（2）应加强本专业图纸复核深度，认真会签建筑专业图纸，及早发现类似问题。

5. 双停车线处排烟方案比选

车站内双停车线区域长度较长，多在 350m 左右，其三种不同的隧道通风系统设置形式如图 2-54（a）～（c）所示。为了加强正常行驶时列车的活塞风效应，降低事故时对相邻隧道的影响，在正线与停车线间设置中隔墙。其中图 2-54（a）为双停车线处设单活塞模式（方案一），隧道通风系统设置在离车站有效站台端头 1 个车长范围以内，在配线区设置射流风机。单活塞风井设在双停车线与车站设备区端部相接的大断面处，活塞风井净面积为 $20m^2$，活塞风通过一个风阀与地面相通，风井内设 2 台隧道风机。图 2-54（b）、（c）为双停车线设双活塞模式，隧道通风系统设置在离车站有效站台端头 1 个车长范围以外，对应左右线分别设一个活塞/机械风井，活塞风井净面积为 $16m^2$，位于双停车线端部，风井内分别设 2 台隧道风机。其中，方案二在正线上方设置土建风道，排烟口均匀布置，间距不大于 60m，配线区火灾时采用半横向排烟方式，方案三在配线区设置射流风机，采用纵向排烟。

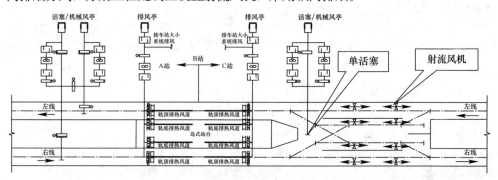

图 2-54（a） 双停车线设单活塞模式（方案一）

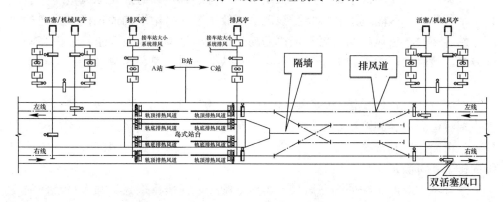

图 2-54（b） 双停车线设双活塞模式一（方案二）

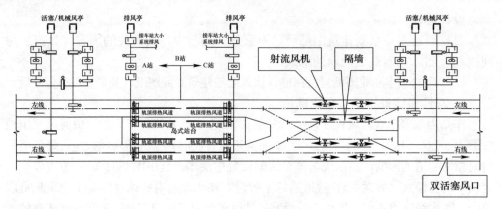

图 2-54（c） 双停车线设双活塞模式二（方案三）

各方案对应的区间隧道新风量计算结果如表 2-6 所示。

新风量计算结果 表 2-6

隧道通风系统设置形式	双停车线处新风量（m³/s）	
	排热风关闭	排热风开启
方案一	5.65	44.5
方案二和方案三	9.07	55.2

由表 2-6 可知，方案二和方案三对应的隧道新风量明显高于方案一，活塞风井布置在靠近区间隧道侧，对活塞风效应较有利。

对于方案三，当配线区发生火灾时，排烟只能朝一个方向组织，无法区分车头、车尾火灾。当右线车尾和左线车头火灾时，烟气会蔓延整个车厢，乘客只能迎着烟气撤离到车站，与区间火灾疏散原则相违背。

对于方案一，当双停车线采用单活塞模式时，活塞/机械风井将车站大里程端隧道分成区间隧道和车站隧道，车站隧道顶部设置土建排烟道与排风口，车站隧道火灾时，关闭轨底电动风阀，采用半横向排烟方式，通过轨顶风道与排热风机将烟气排出；区间隧道（包括配线区）事故工况均采用纵向通风模式，通过两端车站各 2 台隧道风机结合射流风机的动作即可满足事故通风要求。然而当配线区发生事故时，可能存在人员需往下一个车站疏散的情况，距离较长，不利于人员安全逃生。

对于方案二，当机械/活塞风井设在配线区端部时，活塞/机械风井将车站大里程端隧道分成区间隧道、配线区隧道和车站隧道。将配线区正线纳入车站火灾模式，可简化控制模式。车站隧道火灾采用半横向排烟方式，区间隧道火灾采用纵向排烟，可满足事故通风要求。

综合考虑双停车线处的新风量、事故下配线处通风排烟效果和人员疏散的安全性，推荐采用方案二。

6. 集成闭式系统中隧道内新风的保证

（1）集成闭式系统主要特点

集成闭式系统主要应用于北方城市地铁工程中，其存在以下三个主要特点：

1）区间隧道通风效果不佳

作为闭式系统，空调季节区间隧道闭式运行，主要依靠车站空调冷风对隧道进行冷却降温，依靠活塞效应将车站空气带入隧道。而高安全门的设置，改善车站空气品质的同时，大幅度减少了车站与隧道的换气量（经空气动力学初步模拟计算，高安全门集成闭式系统，通过车站进入隧道的空气量仅为普通闭式系统的42%左右）。在非空调工况，正常运行时隧道风机、风道首先应满足车站大系统的通风运行，因此无法对区间隧道进行机械通风，也无法通过该风道对隧道进行活塞通风换气。即使隧道风机不对车站送风，而对隧道送风，在近期、远期，由于轨顶轨底排热风仍需要常年开启，大部分的送风将会被轨顶、轨底排热风道抽走，只有少量被列车带入区间隧道内。因此，即便是常年开启隧道风机机械通风，区间隧道的通风换气效果仍然不佳。

正常运营时，隧道内的新鲜空气主要来源于隧道峒口、车站出入口、车站新风系统。以北京市某个采用集成闭式系统的标准车站为例，区间隧道乘客的新风量计算结果如表2-7所示。

乘客新风量计算结果　　　　　　　　　　表2-7

	大系统送风量（m³/s）	新风比（%）	出入口新风量（m³/s）	车站总新风量（m³/s）	进入区间隧道的新风量（m³/s）	区间隧道人数（个）	人均新风量（m³/h）	新风量标准（m³/h）
空调季节	100	10	14.6	24.6	1.17	1500	2.8	12.6
过渡季节	100	100	14.6	114.6	6.34	1500	15.2	30

注：进入区间隧道的新风量为考虑了大系统回排风后的计算结果。

由此可见，无论在空调季节还是在过渡季节，区间隧道内的新鲜空气量将均不能满足乘客最小新风量标准。

2）运行能耗较大

① 空调制冷装机容量大。闭式系统夏季空调需要负担列车排热和冷却隧道，车站空调冷负荷较大。

② 机械通风电耗较大。北方一般属寒冷地区，地铁空调制冷运行时间不长，其余季节均需依靠机械通风运行，以满足车站、隧道的人员新风量和隧道冷却要求。

③ 其他能耗。如土建风道增加了空调冷量散失；隧道风机长期处于低频状态运行，工作效率低；而且由于大型表冷器设置在风道中，增加了隧道通风阻力，引起风机功耗增加等。

3) 事故工况可靠性较差

经过模拟计算,当列车在无配线区间隧道发生火灾时,为了保证事故段的通风风速大于临界风速的要求,需动作4个车站16台隧道风机,其中车尾后方两个车站的隧道风机送风,车头前方两个车站的隧道风机排风,非相邻的车站距事故段距离较长(约2500m),约15~20min才能对事故段起到通风的效果,延误了疏散的最佳时间。由于动作的风机台数较多,对风机的可靠性也提出了较高的要求,并且隧道风机兼作车站通风空调使用,平时按车站通风空调工况低频运转,在事故发生时,需要迅速切换风阀、改变频率、改变转向等,完成多台设备的联合动作,造成可靠性的进一步降低。

(2) 活塞风道设置优化

以三个标准车站为例,用 SES 模拟软件分别对无活塞风道、进出站端设单活塞风道以及双活塞风道进入区间隧道的新风量、车站的负荷情况与区间温度分布进行了模拟,结果如表2-8、表2-9与图2-55所示。

隧道平均新风量计算结果　　　　　　　　　　　表2-8

活塞风道设置位置	隧道新风量（m³/s）	相对百分比（%）
进站端设单活塞	7.3	100
出站端设单活塞	10.0	137
双活塞	14.1	193

车站活塞风负荷比较　　　　　　　　　　　表2-9

	无活塞风道		出站端设单活塞		进站端设单活塞		双活塞	
	负荷（kW）	百分比（%）	负荷（kW）	百分比（%）	负荷（kW）	百分比（%）	负荷（kW）	百分比（%）
车站1	1133	100	1322	117	1157	102	1460	129
车站2	1498	100	1882	126	1725	115	2002	134
车站3	1335	100	1596	120	1604	120	1738	130
汇总	3966	100	4800	121	4486	113	5201	131

注：车站负荷只是列车活塞风所产生的冷负荷,不包括车站内人员、设备以及新风冷负荷。

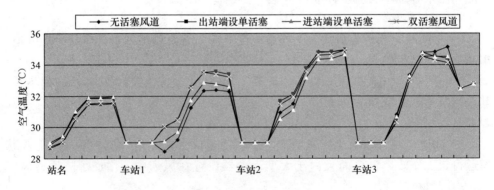

图2-55　隧道内温度分布

由表2-8与表2-9可以看出,进站端设单活塞时进入隧道的新风量最小,出站端设单活塞时居中,双活塞形式新风量最大,并且随着新风量的增加,车站负荷与区间隧道的温度也逐渐增加,双活塞风道与无活塞风道相比负荷增加约30％,区间温度升高约1℃。

活塞风道的设置,使得隧道通风系统处于开式运行状态。在空调制冷运行时,部分空调冷量将通过活塞风道散失,增加了车站空调冷负荷。一方面,需要解决区间隧道新风量不足的问题,增加隧道与外界的通风换气;另一方面,希望车站空调冷量负担隧道冷却,较少散失到室外,要求隧道通风系统为闭式运行,所以"开"与"闭"的矛盾必然在一定程度存在。

当采用双活塞风道时,隧道内的温度升高约1℃,可能会引起隧道内温度超标,因此不推荐采用;当采用单活塞风道时,考虑车站内人员、设备以及新风的冷负荷后,设置单活塞风道所增加的冷负荷约为车站总冷负荷的10％,对空调系统的设备选型影响不大,因此推荐对于有条件的车站设置单活塞风道。为了减少征地协调量以及对室外景观的影响,建议活塞风道设置在车站的同一端。

以北京某地铁线路为例,全线共设置了7处活塞风道(其中进站端与出站端各7处),结合出入地面的隧道峒口,共形成了与外界的换气点9处,大幅度增强隧道活塞通风换气效果,换气点相对较为均匀。经模拟计算优化后的隧道通风系统进入隧道的总新风量为$556.9 m^3/s$。在远期正常运营时,隧道内的换气次数为4.21次/h,满足规范要求的3次/h最低换气标准和隧道内乘客新风量要求。同时,由于增加了活塞风道,近、远期运营时全线3/4的车站不需要开启送风机(非空调工况),极大地降低了风机电耗。而且由于隧道通风效果的改善,减缓了地铁隧道的温升。

(3)隧道内消除余热的措施

由上节所述,由于在全线均匀地增加了活塞风道,造成隧道温度升高,为减少温升对隧道空气质量的影响,考虑采用消除隧道余热的措施。

常规做法是由车站空调设备处理全部的冷负荷,所形成的空调冷风由列车从车站带入隧道来消除隧道内余热。这种形式下车站主风机的风量及大型表冷器的容量、尺寸均增大,致使车站的风道截面积、主体结构的截面积相应增加,增大土建投资。

因此,提出在车站区间隧道入口处或在各区间隧道内设置空气处理装置等三种方案(见表2-10),分散处理列车的发热量,以减小车站空调设备的处理负荷。

第 2 章 施 工 设 计

三种方案优缺点比较　　　　　　　　　表 2-10

方案	优点	缺点
方案 1：隧道内设置风机盘管，如图 2-56 所示	隧道内均匀布置风机盘管，送风更均匀	由于隧道内灰尘较多，气流变化较大，对在隧道内设置的风机盘管的要求较高；日常运行维护困难；需要在区间隧道布置冷冻水管，投资较高
方案 2：隧道内设置空气处理器	空调器设置在隧道中部，两端由车站引入，冷却效果较方案 3 好，次于方案 1	对土建要求变化较大，实施困难；日常运行维护困难；需要在区间隧道布置冷冻水管，投资较高
方案 3：隧道入口处设置柜式空调器，如图 2-57 所示	对土建无要求，空调冷冻水管不需在区间隧道内敷设，对限界影响小	随着冷风被列车带入车站，对区间尾部区域降温效果差于隧道入口段

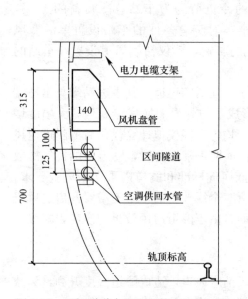 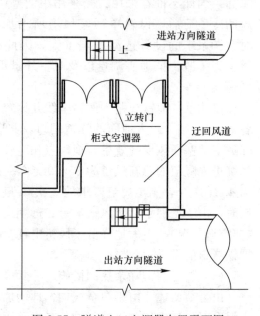

图 2-56　区间隧道内风机盘管布置剖面图　　图 2-57　隧道入口空调器布置平面图

　　方案 1 对隧道的冷却效果最好，但是风机盘管的日常维护与保养不方便，冲洗水源的布置也较为困难。

　　方案 2 对隧道的冷却效果好，但土建费用增加，空调机房的设置受土建施工条件限制。

　　方案 3 对隧道的冷却效果较好，设备的日常维护与保养方便，冲洗水源的布置也方便；

　　空调冷冻水系统管道不用进隧道，对限界无影响，具有明显优势。

　　工程中采取了方案 3，较好地解决了高安全门集成闭式系统中大编组列车在隧道内的余热消除问题，能有效控制远期隧道温升，可供后续设计参考。

2.1.7 空调冷却水水处理

1. 水处理的目的

中央空调循环水在使用过程中普遍存在结垢、腐蚀和菌藻滋生三大危害。中央空调循环水水质处理能起到阻垢节能、防止腐蚀、杀菌灭藻等作用。

（1）阻垢节能：水质若不处理，热交换器上容易生长水垢、附着黏泥，使传热效率下降，冷机负荷增大，增加能量损耗。

（2）防止腐蚀、延长设备的使用年限、减少设备的维修更换费用。

（3）杀菌灭藻：菌藻及生物黏泥沉积在冷却塔集水盘和冷凝换热器上，降低冷塔的换热效率和冷凝换热器的传热效率，并会引起严重的垢下腐蚀。同时，藻及生物黏泥还隔绝了缓蚀阻垢剂对金属的作用，使药剂不能发挥应有的缓蚀阻垢效能。所有这些问题导致循环水系统不能安全运转，影响使用。因此，微生物的危害与水垢、腐蚀对水系统的危害是一样严重的。

2. 地铁车站运营现状

对已试运营一年的地铁车站的冷却水系统进行检测，检测相关数据如表2-11所示。

某地铁车站冷却水各项指标检测值　　　　　　　　　　表2-11

项 目	单 位	测定值	冷却水补水（市政水）		
			项目	单位	测定值
PH		7.59	总硬度	$CaCO_3$（mg/L）	200
电导率（20℃）	us/cm（≤）	260	钙硬度	$CaCO_3$（mg/L）	160
总碱度	$CaCO_3$（mg/L）	80	镁硬度	$CaCO_3$（mg/L）	40
氯根	CL^-（mg/L）	29.4	浊度	mg/L	0.64

运行使用实际情况如图2-58所示。其中图2-58（a）、（c）为冷却塔填料使用情况，填料表面不同程度地布满了各种灰垢、藻类；图2-58（b）、（d）所示为冷却塔集水盘内沉积的各种菌藻，严重影响了冷却水系统的运行效果和设备性能、寿命。

(a)　　　　　　　　　　　　　(b)

图2-58　冷却水系统运行实际环境（一）

(c)   (d)

图 2-58 冷却水系统运行实际环境（二）

此外，通过与运营人员沟通获悉：该工程中冷却塔集水盘在每个空调季至少需清洗 2 次，冷却水系统每间隔 1~2 周需要进行更换，冷却塔上的布水器每周需要清洗数次不等，维护工作量巨大。

因此，空调水系统设计中应选择合适、切实有效的水处理设备及其他技术措施，保证冷却水系统运行环境，提高冷却水水质，从而提高系统性能，减少运营维护工作量。

2.1.8 管线的布置

1. 管线最低标高与房间门冲突的问题

某城市地铁车站，其车站设备区走道采用无吊顶风格，综合管线设计过程中，由于缺少吊顶线的控制，设计人员会忽视管线标高对房间门开启的影响。普遍存在管线标高过低，部分车站管线低于 2.7m，甚至有的低于 2.4m，使得房间门无法打开。

在公安部出台对防火门高限制要求（不高于 2.3m）以前，一般地铁车站内的开关柜室、变电所等电力设备用房的房间门高为 2.7m，部分房间并有预留 3.5m×3.0m 的可拆卸门洞作为大型变压器运输路径，其他房间大部分门高要求为 2.4m。设计中应注意管线在经过这些房间时不影响房门的正常开启及设备的运输。

图 2-59 所示为管线阻碍房间门开启后对管线进行上抬处理的案例。

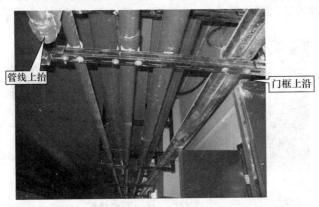

图 2-59 上调管线最低标高满足房间门开启要求实景图

2. 扶梯上、下基坑对管线布置的影响

某地下4层地铁车站，地下一层为商业开发层，地下二层为站厅层，地下三层为设备层，地下四层为站台层。设计人员没有仔细校核扶梯上、下基坑下方净高空间，按照正常净高布置管线，在实际施工中发现，管线无法施工，如图2-60（a）所示。

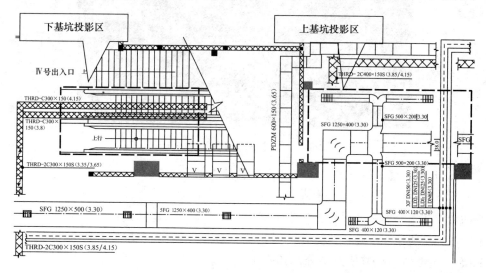

图2-60（a） 扶梯上基坑下方管线布置平面图

由图2-60（b）可以看出，一般正常的车站站厅公共区层高为4.6m左右，扶梯上基坑安装高度从结构面算起约1.7m，下基坑从结构面算起约1.5m，剩余的高度扣除吊顶安装厚度，基本无法布置管线。

因此，对于标准地下两层车站，注意考虑站台层风管从扶梯下方通过的高度即可。对于3层及以上的车站，务必对扶梯的建筑大样图、剖面图进行认真分析，无条件布置管线时应绕开布置。

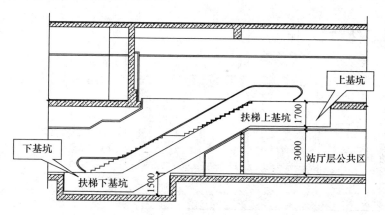

图2-60（b） 扶梯上下基坑剖视图

图 2-60（c） 扶梯下基坑结构示意图

3. 地下 3 层车站设备层电缆夹层对管线布置的影响

部分覆土较深的车站或换乘车站，往往会设置为 3 层及以上的形式。这些车站在站台层和站厅层之间设置设备集中层，大部分变电所房间设置在设备层。由于变电所房间一般采用下部进线方式，因此要求土建设计在设备层变电所范围设置电缆夹层，如图 2-61（a）阴影部分，其地坪标高高出同层其他房间的地坪 2.1m。

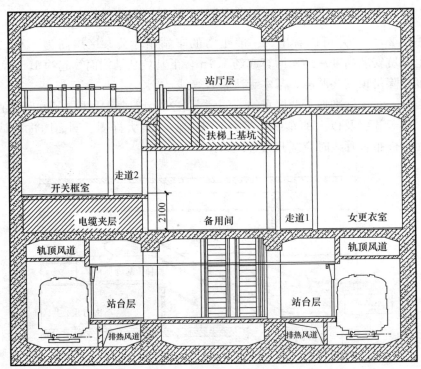

图 2-61（a） 典型地下三层站剖面图

2.1 图纸设计

在管线布置时经常会忽视这个高差问题,加之站厅到站台扶梯上基坑占用设备层部分高度[见图2-61(a)],当管线从图中走道1引到走道2时,很容易造成管线在走道2平台上的净高过小[见图2-61(b)]。目前碰到此类情况时,有的在施工配合过程中对综合管线进行重新设计,有的采用在设备能力满足的范围内缩小风管截面尺寸;有的将管线调整到房间内布置,走道仅保留与消防有关的管线。

图2-61(b) 带电缆夹层的设备层地面标高相差实景图

【案例】 某城市地铁车站,设备层部分在主体结构外挂区,有横纵梁交错,该区域设置了电缆夹层后,梁下高度仅3.0m,走道宽度1.5m。图2-62所示为该案例工程中管线布置的剖面图,虚线为梁的看线。设计人员没有考虑到设置电缆夹层后标高的不同,走道内管线底标高仍标注为3.60m(相对无电缆夹层区域为±0.00),造成设计最底层管线的吊架横杆底边沿到走道完成面净高只有1.8m,无法满足功能的要求。

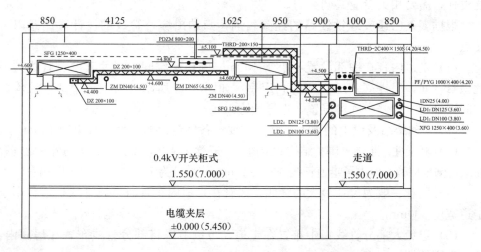

图2-62 原设计管线布置剖面图

第 2 章 施 工 设 计

在施工配合中，根据现有条件，采取在设备能力满足的范围内缩小风管截面尺寸，并将通信信号、低压配电等桥架调整到房间内布置，走道仅保留走道排烟风管、走道补风管、水管等管线，最终使管线底标高距离地面装修完成面为2.1m。同时将消防泵房与冷水机房的门调整为内凹形式，满足房门开启要求。图 2-63 所示为调整走道管线布置施工完成后的效果。

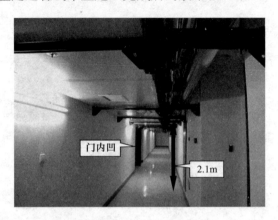

图 2-63 走道区域仅保留水管与防排烟管道后施工完成图

4. 走道综合管线检修空间的保证

地下车站设备区走道管线较多，有通号桥架、配电桥架、封闭母线、风管、空调水管、消防水管、排污管等，设计中应综合考虑各层管线的检修要求。

合理设置走道管线检修空间，是方便后期运营维护的一个基本保证。管线安装密密实实，甚至无法伸手，后期维护检修将是一个难题。同时，综合管线的布置，不是一个专业的职责，建筑、结构、装修和各个管线主体单位都有不可推卸的责任，需要相关专业共同努力。

根据多条已建成地铁线路的经验教训，归纳出综合管线的设计应注意以下几点：

（1）走道内宜在中部设置不小于 400mm 的检修空间，可使其两侧管线共用此检修空间，以提高走道空间的利用率，如图 2-64 所示。当走道中部设置检修空间困难时，检修空间可设置在走道侧边。

（2）6 辆编组及以上的地下车站，主要设备区走道的宽度不宜小于 1.8m。

（3）靠梁柱、主体外围护结构的走道，一般梁比柱宽，梁边、顶板与外墙之间存在结构倒角加腋，侵占了走道管线的安装空间，该部分为无效空间，应予以扣除。

（4）风管一般为尺寸最大的管线，风管在走道内布置时，风管的长边宜小于走道宽度 500mm。

（5）避免大部分管线集中布置在走道，可以考虑将部分管线布置在房间内，减少走道的拥挤程度。

2.1 图纸设计

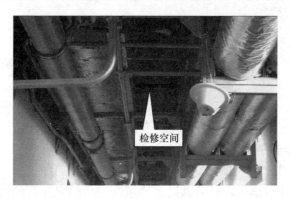

图 2-64 管线中部检修空间的设置

（6）建议设备区走道采用综合支吊架，可以减少各专业施工冲突，进一步保证管线的整齐度，如图 2-65 所示。

图 2-65 管线之间检修空间实景图

（7）综合支吊架的立杆宜尽量贴两侧墙面安装，避免立杆与墙体之间存在较大空隙，减小了走道实际安装管线的有效宽度，如图 2-66 所示。

图 2-66 综合支吊架立杆与墙体之间空隙较大的实景图

(8) 综合支吊架上的上下层管线之间应留出满足下层管线检修的必要空间，100～150mm 为宜。

(9) 应避免管线在走道内过多的变标高，标高变化宜设置在支管，或者分支桥架进房间段。

(10) 对于管线安装空间紧张的车站，宜提前向土建专业提资料，要求取消加腋。如需要，可提前在梁上预埋小口径的套管，供水管通行。

5. 管线布置与吊顶风格的匹配

本节主要说明公共区装修吊顶与管线布置的关系问题。

【案例】 某地铁车站，其公共区装修风格为车站纵向两侧为格栅吊顶，中间为镂空方通，装修效果如图 2-67～图 2-69 所示。为了车站美观，要求在满足各专业功能需求的前提下，尽量减少在中间镂空方通部位布置管线、桥架。需满足均匀送风、排烟等功能要求的风管尽量贴顶布置，减少视觉冲突。但现场仍然有部分车站在镂空部位布置了密集的管线，影响美观。

图 2-67 车站站厅公共区吊顶装修效果图

图 2-68 车站站台公共区吊顶装修效果图

图 2-69 出入口吊顶装修效果图

(1) 原因分析

1) 装修专业设计计划滞后于各专业施工设计。

装修方案确定时间较晚，装修设计与各管线专业配合协调滞后，甚至装修设计介入时，部分车站的管线施工图已经完成。

2) 部分车站的专业设计人员、综合管线设计人员在设计中仅仅关注管线高度是否满足装修吊顶安装要求，没有结合装修风格进行设计。

3) 公共区装修设计单位没有与综合管线设计单位进行及时沟通和互提资料，造成综合管线设计者按常规装修风格进行设计，最终出现大面积管线外漏影响美观的情况，如图 2-70 所示。

4) 各专业之间会签没有相互及时发现问题。

(2) 设计建议

1) 装修设计应提前进入，并在进行机电设备施工图设计之前确定车站的装修方案。装修设计与管线设计单位应在设计前应进行深入交流，互相了解设计思路、设计重点、难点，避免设计脱节。

2) 车站公共区管线及风口的定位应结合车站的装修风格。管线应布置在格栅吊顶区域，避免在镂空区域布置管线。当无法避免时，管线应贴顶布置并作相应的处理，减少视觉冲突。出入口穿人防门套管宜设置在人防门两侧，避免由于设置在中间，管线在过人防门时从格栅区域绕出到镂空区域。

3) 加强会签质量的控制。装修专业应对综合管线图纸进行会签。

6. 管线下穿中板

通风空调风管从站厅层穿中板到站台层时，宜设置风室（供风管下穿）。当设置风室条件有限时，风管宜避免选择人员管理用房下穿。当在设备用房内下穿时，宜在房间角落下穿，避免影响房间的使用。

图 2-71 为空调风管在站长室下穿中板的案例，该风管的下穿不仅影响房间的使用和美观，同时风管内噪声也对人员的正常办公产生影响。

图 2-70 吊顶镂空区域管线外漏较多实景图

图 2-71 风管在站长室下穿实景图

当采用风室时,风室内立管的布置应满足人员通行及设备操作、检修的要求。

7. 结构加腋对设备管线安装的影响

梁加腋是结构名词,有水平加腋和垂直加腋两种。水平加腋是为了保证梁柱中心线不能重合时,消除梁偏心对梁柱节点核心区的不利影响。梁垂直加腋又叫梁的支托,一般情况是为了不影响建筑净空高度的原因,但又必须满足抗剪要求时而设置。加腋一般做成三角形,与相交的结构同时浇筑。

地铁工程中涉及的结构加腋一般属于梁的垂直加腋,如图 2-72（a）和图 2-72（b）所示。这种加腋使得管线不能完全贴顶板安装,对本身层高有限的地铁车站内建筑的净空高度产生较大的影响。

图 2-72（a） 垂直加腋对管线
安装的影响

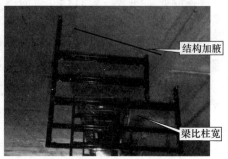

图 2-72（b） 垂直加腋、梁比柱宽
对管线安装的影响

通风空调专业对结构加腋的设置范围很难有清晰的把握,一般可以在建筑剖面图中对结构加腋的设置情况大致了解,如图 2-72（c）阴影部分所示。

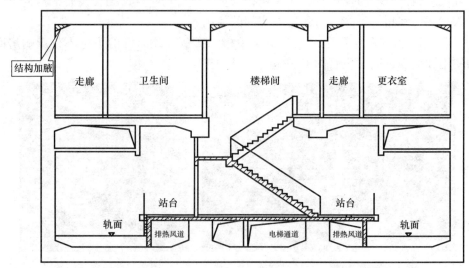

图 2-72（c） 标准车站内垂直加腋设置范围示意图

通风空调专业在设计中应充分考虑结构加腋对管线安装的影响，管线的布置尽量与结构外墙、柱子保持一定距离。当管线较多，无法满足管线下方净高要求时，应提前要求结构专业取消加腋的设计。

8. 阀门执行器的接线与操作

通风空调的设计除了满足管线布置要求外，还应满足阀门附件的安装和操作检修空间要求。一般容易造成阀门操作困难的主要有以下几种情况：

（1）三条风管并排布置且间距较小，中间风管上风阀执行器无论放哪一侧都无法进行接线。

（2）轨底风道接排热风室处，阀体与风室隔墙间距较小情况，如图2-73所示。

图2-73 排热风室处风阀执行机构操作困难

（3）布置在风室内的风管立管，由于未考虑人员检修通行条件，靠内侧布置的立管上风阀无法操作检修。

（4）当风管长边尺寸与走道宽度相近，设置在走道内防火隔墙上的风阀。

（5）阀门设置封闭夹层内。

对第（1）、（2）类情形，设计中可以规定阀门的执行机构设置在阀门的长边方向。对第（3）种情况，在设计风室时，风室内立管的布置应满足人员通行检修要求，立管之间应保证一定的间距，满足阀门操作和维护空间需要。走道内布置的风管的长边宜比走道宽度小500mm，满足管线和阀门的检修要求。所有设备、风阀不应设置在封闭空间内，应设置检修门、孔。

9. 风管布置在站厅公共区扶梯上方

站厅公共区风管布置在站厅到站台的扶梯正上方，一方面会遮挡扶梯上方的吊钩，影响扶梯后期的更换维护；另一方面不方便施工平台的搭建。因此，建议管线尽量避开楼扶梯上方布置。

2.1.9 工艺控制图设计

通风空调工艺控制图是在通风空调施工图完成之后进行编制的一册反映通风空调设备、阀门控制逻辑及控制模式转换的工艺原理性质的图纸，是一册BAS系统专业用于程序编辑的"输入语言"，也是工程调试人员和地铁运营人员对照使用的"用户手册"。通风空调控制工艺图一般由控制总说明、系统原理图、监控表以及控制模式表组成。

1. 被控对象的控制主体

工艺控制图编制的准确与否，重要的前提是要理清被控对象的控制主体。根据控制主体的不同，通风空调设计应有针对性地进行资料互提，在工艺控制图中也应相应明确控制主体，避免控制紊乱。

以某条地铁线路为例对控制主体进行简单叙述。

（1）BAS监控对象

该线路中BAS对车站内所有设备、电动阀门进行监视，并接收被控对象的启停、轴温、故障报警等信号，对除集成冷站、不参与火灾的温控风机、气体保护区全自动防火阀、多联机空调系统、设备区办公用房内风机盘管外的主要设备、阀门进行模式控制。集成冷站、温控风机、气体保护区全自动防火阀、多联机空调系统由系统自带的控制系统进行逻辑控制；设备区办公用房内风机盘管由办公人员根据自身冷热感觉人工调整电磁阀开闭和风量大小进行调节，BAS系统只进行监视。

（2）FAS监控对象

该线路FAS、BAS设计为一个单位，考虑资源设置的便捷与简化，BAS系统承担了部分FAS系统功能，如防火阀、排烟设备的监控等。该线路中，通风空调专业需向FAS提供的资料仅仅是为气体灭火保护区服务的全自动防火阀。其他排烟风机和电动排烟口均写入控制模式表中。火灾工况时，由FAS发送火灾指令给BAS，BAS将该火灾工况下对应的运行模式指令发送给环控电控柜，再由环控电控柜中的智能低压系统完成具体设备与阀门的相应动作。

（3）气体灭火系统控制对象

气体灭火控制主机或控制盘对服务于气体灭火保护区的全自动防烟防火阀进行控制。某防护区发生火灾时，气体灭火系统先关闭该防护区送、排风管上的全自动防烟防火阀，再进行气体释放灭火，火灾后复位对房间进行通风换气。

（4）集成冷站控制对象

所述集成冷站主要由模块化高精度的冷站安装平台、水冷螺杆式冷水机组、变频冷却水泵、变频冷冻水泵、高效节能控制系统、旁流水处理设备、定压排气补水装置、管道、阀门、压差传感器、温度传感器、流量传感器以及功率传感器等设备及元器件组成。

集成冷站自带的节能控制系统主要测控对象为：冷水机组、冷冻水泵、电动阀门（包括冷水机房内电动蝶阀、旁通电动比例调节阀和冷却塔电动蝶阀）、冷却水泵、冷却塔、末端压差传感器、供回水干管温度传感器及流量传感器等。

该线路空调水系统中，除末端空调器处的动态流量平衡阀由 BAS 控制外，其他冷水机组、水泵、电动阀门等设备均由集成冷站系统统一控制，BAS 系统仅监视该系统的运行状态。

（5）温控风机控制对象

车辆段、地面车站的变电所设置温控风机进行机械通风时，由温控风机供货商自带控制箱（PLC）统一控制温控风机启停。

当温控风机需要参与火灾排烟或补风时，将温控风机纳入系统模式，火灾工况下，BAS 通过 I/O 模块输出火灾信号，启动相应温控风机。

当温控风机不需要参与火灾运行时，直接由低压配电专业实现火灾工况停机。

2. 设计中几个应注意的问题

（1）语言阐述转换成逻辑关系

在以往的控制工艺图设计中，发现存在用文字语言作为模式控制的依据。如："大系统火灾时小系统除加压送风外均停止运行；小系统火灾时大系统设备停止运行；站台层公共区火灾时开启车站排热风机辅助排烟"，等等。文字阐述本身没有错误，但是没有采用逻辑控制关系进行表达并反映到控制模式表中，BAS 编程人员需要理解比较抽象的文字描述，不理解通风空调系统中何为车控室加压送风系统、何为轨行区排烟系统。因此，在进行控制工艺图设计时，任何用文字语言描述的控制模式都应采用控制表的形式进行表达。如：

1）排烟防火阀的熔断

一般要求：排烟防火阀熔断关闭时，联动所在系统的排烟风机关闭。具体应列表表示某个排烟防火阀熔断关闭时，联锁关闭对应的排烟风机。

2）空调器、风机的变频量的控制

采用变频运行的空调器和风机，应向 BAS 专业提供具体的变频控制逻辑原理、变频控制量，以及变频器运行的上下限值。

3）焓值控制的实现

地铁车站的空调系统一般采用焓值控制原理进行全年空调小新风、过渡季节全新风和全通风、冬季运行等模式的转换。设计表达中，应具体表现当焓值位于某个区间段时，执行对应的运行模式。

如图 2-74 所示：

① 当空调季节室外新风焓值大于车站回风点焓值时，采用空调小新风运行。

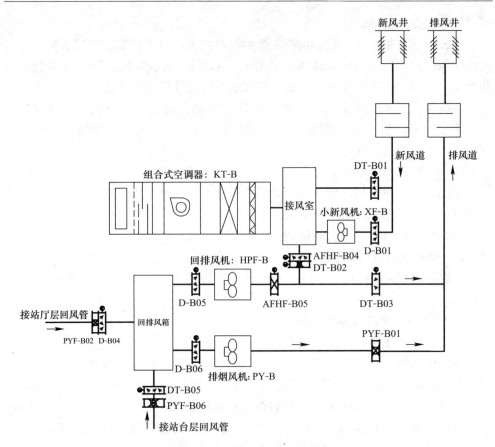

图 2-74 典型的大系统空调系统原理图

此时全新风阀 D-B01 关闭,小新风机打开,回排风机排风风阀 DT-B03 关闭,回风风阀 DT-B02 打开,回风与小新风混合并经处理后送入公共区。

② 当室外新风焓值小于车站回风点焓值且其温度大于空调送风点温度时,采用空调全新风运行。全新风阀 DT-B01 打开,小新风机关闭,回排风机回风风阀关闭,排风风阀打开,回风经回排风机直接排到排风道,室外新风经空调器处理后送至公共区。

③ 当室外新风焓值小于空调送风焓值或其干球温度小于 15℃时,室外新风不经冷却处理,利用空调器直接送入车站公共区,此时系统冷水机组停止运行。

因此,通风空调设计时,必须向 BAS 专业提供焓值计算公式(温湿度探测为温度值、湿度值),室内回风点温度设计值、送风温度设计值、回风点焓值及送风点焓值等参数,作为理论值与温湿度传感器实测数值进行比较,方可清晰表达设计意图。

图 2-75 所示为根据大系统组合式空调器送风温度控制平衡阀开度的原理图,

给定送风温度 $t_0 = 20℃$，BAS 专业根据在组合式空调器出口设置的温湿度传感器探测值与给定数值比较来控制平衡阀的开度。

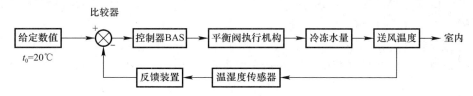

图 2-75 给定送风温度设计值的动态平衡阀控制原理图

图 2-76 所示为大系统组合式空调器和回排风机根据回风温度控制设备变频的原理图，设计给定在回排风机入口的回风温度 $t_c = 29.1℃$，BAS 专业根据温湿度传感器探测值与给定数值进行比较来控制送、回风机变频器的运行频率。

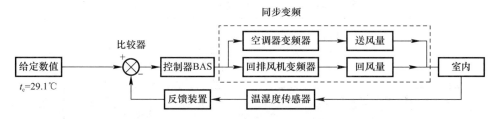

图 2-76 给定回风温度设计值的空调器、回排风机变频控制原理图

(2) 不同的控制主体，在控制模式表中应进行区分标注。

(3) 应将小新风、全新风、过渡季节全通风模式转换中对应的温度值、焓值列出（每座车站数值不尽相同），否则传感器探测到的数值无比较对象，BAS 无法实现控制。

【案例 1】 控制工艺图设计时，大系统、小系统模式控制表一般单独绘制，经常会出现在大系统的火灾控制模式表中缺少小系统动作模式，或在小系统火灾控制模式表中缺少大系统动作模式。为更清楚地表达各系统之间的相互控制关系，建议增加火灾模式联动关系表，如表 2-12 所示。

车站火灾模式联动关系表　　　　　表 2-12

系统名称 火灾位置	区间隧道通风系统	车站隧道通风系统	站厅大系统	站台大系统	左端小系统	右端小系统	水系统
区间	执行模式	执行模式	关闭	关闭	关闭	关闭	关闭
车站隧道（含轨行区侧走道）	执行模式	执行模式	关闭	排烟	关闭	关闭	关闭
站厅公共区	关闭	关闭	排烟	关闭	关闭	关闭	关闭
站台公共区	执行模式	关闭	关闭	排烟	关闭	关闭	关闭
左端设备管理房	关闭	关闭	关闭	关闭	执行火灾模式	关闭	关闭
右端设备管理房	关闭	关闭	关闭	关闭	关闭	执行火灾模式	关闭

【案例 2】 模式表中对车站发生火灾位置的模式设计不全面。部分设计图纸中仅仅对气体灭火防护区火灾、机房火灾、大端设备用房走道和其他房间发生火灾进行模式编辑,遗漏了小端设备区及走道(一般小于 20m)、站台设备区等房间的火灾工况下控制模式。

【案例 3】 站台层公共区火灾时,缺少车站轨顶排风系统和屏蔽门开启的模式控制内容。为满足规范中规定的站台层火灾时,中板楼扶梯口应形成向下的不小于 1.5m/s 的迎面风速要求,国内地铁设计大部分采取开启屏蔽门全部滑动门或首尾两端滑动门的方式,并开启车站隧道通风系统进行辅助排烟的方法。根据隧道通风系统设计单位计算要求统一规定,确定是否开启车站内布置的区间隧道风机。但在车站的站台层公共区的火灾模式中,应根据本站隧道风机的开启要求,表达在模式控制表中,如表 2-13 所示。

车站公共区各模式下车站隧道排风系统模式转换表　　　　表 2-13

运行工况及适用条件			模式编号	屏蔽门首尾活动门 左线或右线	车站隧道排风系统			
					AFHF-413-A1、A2 AFHF-413-B1、B2	APYF-413-A1、A2 APYF-413-B1、B2	DZ-413-A8 DZ-413-B8	TEF-413-A1 TEF-413-B1
正常模式	空调季节 ($t_w > t_0$)	小新风空调 ($h_w > h_r$)	D1	G	K	K	K	K1
		全新风空调 ($h_w \leq h_r$)	D2	G	K	K	K	K1
	非空调季节 ($7℃ < t_w \leq 15℃$)		D3	G	K	K	K	K1
	冬季运行 ($t_w \leq 7℃$)		D4	G	K	K	K	K1
火灾模式	站厅层火灾		D5	G	G	G	G	G
	站台层火灾、车站隧道火灾		D6	K	G	K	K	K
	排烟防火阀熔断关闭		D7					
	小系统火灾		D8	G	G	G	G	G
非火灾工况突发事件			D9					
夜间模式			D10	G	G	G	G	G

注:AFHF 代表全自动防烟防火阀;APYF 代表全自动排烟防火阀;TEF 代表车站排热风机;DZ 代表组合风阀 G/K 分别表示关闭/开启设备或阀门;K1 表示变频运行或低速运行。

(4) 在控制模式表中对火灾工况下不需要参与动作的阀门采用"/"表示(指工况转换时设备维持原工作状态,详见表 2-14)。在调试中,当从正常工况→第一次火灾试验→第二次火灾试验测试过程中,在第二次火灾试验时,由于阀门状态没有恢复到正常工况,可能出现管道阀门处于关闭状态而引起风管变形、破裂的现象。因此,建议模式控制表中对不参与火灾转换的阀门,也应指定其工作状态,同时,设备模式表中应补充"复位模式"或"调试模式",要求火灾工况的调试试验前必须先切换到"复位模式"或"调试模式"。

车站公共区运行模式转换表（部分）　　　表 2-14

运行工况及适用条件			模式编号	非连锁电动风量阀				电动风量调节阀					
				D-A05	D-A06	D-B05	D-B06	DT-A01	DT-A02	DT-A03	DT-B01	DT-B02	DT-B03
正常模式	空调季节 ($t_w > t_0$)	小新风空调 ($h_w > h_r$)	D1	K	K	K	K	G	K	G	G	K	G
		全新风空调 ($h_w \leq h_r$)	D2	K	K	K	K	G	K	G	K	K	K
	非空调季节 ($t_w \leq 15℃$)		D3	K	K	K	K	K	K	G	K	G	K
	冬季运行 ($t_w \leq 7℃$)		D4	K	K	K	K	K1	K1	K1	K1	K1	K1
火灾模式	站厅层火灾		D5	K	K	G	K	/	G	/	K	/	G
	站台层火灾		D6	G	G	K	G	/	K	/	G	/	K
	小系统火灾		D7	/	/	/	/	G	/	K	/	G	/
	排烟防火阀熔断关闭			PYF-A1、A4，APYF-A01、A02 熔断关闭，联锁排烟风机 PY-A 关闭									
非火灾工况突发事件			D8	K	K	K	K	G	K	G	K	G	K
夜间模式			D9	执行模式 D7									

注：D 代表开关型电动风阀；DT 代表三档电动调节风阀；K1 表示阀门处于小开度状态。

2.1.10　换乘车站接口设计

本节主要讨论土建同期实施的换乘车站的接口设计内容。

在设计时，通风空调专业应把握好近期实施与远期实施的范围划定、接口预留措施、设备运输通道等问题。

1. 近期实施与远期实施的范围划定

设计、施工范围划定是换乘车站设计的重点、难点。一般来说，设计范围应与施工范围保持一致，确保施工招标不遗漏。具体工程设计时应从如下几个方面考虑：

（1）先期实施范围部分，应确保通风空调功能的完整性。

（2）应为后期实施部分创造条件，避免后期实施时，大量拆除墙体、吊顶、机电设备等已经运营的相关内容。

（3）如部分换乘车站，车站控制室、民用通信机房、警用通信机房、站长室、冷水机房等房间均仅设置一处。通风空调专业设计时，不管上述房间位于近期车站设备区还是远期车站设备区，近期车站开通时，均需要使用。该部分房间的通风空调系统应在前期开通线路中一并实施。

（4）远期部分设计时，应有拆除吊顶、管线的设计内容，避免招标遗漏。建议将近期已实施部分图纸与远期设计图纸在后期合并成册，方便施工单位更好地理解现场情况与工作内容。

(5) 初步设计时换乘车站对应各条线路均有相应概算，施工图设计时应考虑概算分割。除少量必须预留的管线、由于后期运输通道问题必须实施的部分设备纳入前期概算外，其余部分按两线概算分开，方便对两条线的投资进行分别控制。

2. 接口预留措施

（1）共用站厅时，应预留远期共用站厅部分风管接管、布管条件，近期与远期设计分界处应减少后期吊顶拆除。本专业预留管线应方便接管，如管道采用盲板或阀门封堵。

（2）远期部分设置有空调机房、风机盘管房间时，应考虑冷水机房水管接至上述房间的路径。当管线需要穿越近期实施范围时，为避免大量拆除吊顶，应将此部分管线纳入近期设计实施范围，在近、远期设计分界处预留相应接口。

（3）应与低压配电专业沟通，给近期设备的配电应从近期实施的环控电控室与照明配电室接入，否则两条线设备控制方式不同会增加接口复杂程度。

（4）由于设备区管线布置复杂，当两条线路的设备管理用房集中布置在同一区域时，通风空调专业应将远期实施部分的通风空调管道布置完成，避免后期施工时拆除吊顶或安装空间不够。

（5）为解决近期线路空调运行小负荷时单台冷水机组能正常启动与运行，换乘车站冷水机房一般考虑3台或3台以上冷水机组及对应水泵、冷却塔。因此，近期设备的冷水机组、水泵及冷却塔应考虑后期增加设备接管的可行性，建议专门预留后期接管条件，如预留接头处采用阀门封堵等，方便后期施工。

（6）控制工艺图设计时，应将远期大系统、水系统控制模式表在近期施工图中反映，并要求FAS、BAS系统预留远期修改或扩充大系统模式表的内存空间。

（7）当FAS、BAS分线独立控制时，建议两条线路小系统控制模式表分开编写。近期线路发生火灾时，应反映远期线路小系统执行的模式；同样，远期线路发生火灾时，近期线路小系统应有相对应的模式。

3. 设备运输通道

（1）设计时应充分了解换乘车站的建筑布局，与建筑协调远期线路设备运输通道。

（2）远期线路设备运输通道应避免从近期运营区域经过。当必须经过时，应以减少墙体、吊顶及管线拆除等原则布置运输通道。当拆除既有管线时，远期设计中应有对运营影响的相关补救措施。

（3）当运输通道无法满足远期设备运输时，应将设备设计为近期实施。

4. 其他应注意的问题

（1）共用设备用房时，不应将风口布置在远期设备正上方。

(2) 共用设备用房时，应考虑远期设备、人员的发热量要求。

(3) 远期实施的冷水机组、水泵、冷却塔及大系统空调器，当设备并联运行时，应选用相同设计参数的设备，建议选择同一品牌。

由于换乘车站的换乘形式各异，建筑布局复杂，先后实施及开通时序长短不一，且后续线路存在较多不确定因素，设计中应结合工程实际情况，考虑合理的施工设计接口及界面，避免后期施工对前期线路运营造成较大影响，同时也尽量减少资金沉淀。

2.1.11 中庭车站的排烟设计

带中庭的车站，可以改变传统车站封闭压抑的环境，为乘客带来舒适的乘车体验、不同的感官享受（见图 2-77）。这种形式的车站增加了建筑空间的魅力，但同时也增大了火灾的危险性。

图 2-77 中庭式车站效果图

以一个典型的两层带中庭的地下车站为例，按照同一时间仅发生一次火灾考虑，针对站厅火灾、站厅及站台中庭区域火灾、站台非中庭区域火灾三种工况的排烟设计提出三种方案进行分析，供设计者参考。

车站横剖面如图 2-78 所示。车站站厅层公共区面积为 3585m^2，站台层公共区面积为 1279m^2，中庭区域面积 945m^2，站厅层高度 5.6m，站台层高度 4.45m。

1. 设计方案一

(1) 防烟分区划分

站厅层公共区（不含中庭区域）共划分为两个防烟分区（防烟分区 1、2），每个防烟分区的面积为 1320m^2，中庭区域为防烟分区 3，面积为 945m^2；站台层非中庭区域分别为防烟分区 4 和防烟分区 5，面积分别为 153m^2 和 181m^2，在各防烟分区之间设置挡烟垂壁，如图 2-79 所示。

(2) 排烟系统设计

考虑中庭发生火灾时，排烟难度最大，由于高度大于 6m，依靠通过挡烟垂

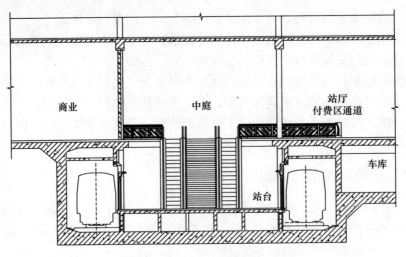

图 2-78　车站公共区横剖图

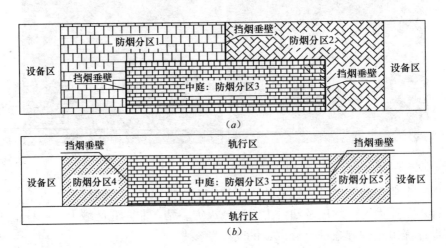

图 2-79　方案一公共区防烟分区划分示意图
(a) 站厅层；(b) 站台层

壁或大于500mm的梁形成的储烟仓进行烟气阻断效果不够理想，烟气会出现无组织扩散，此种情况下，按站厅及中庭的排烟口同时开启，对站厅及中庭进行全面排烟。排烟设备按照负担站厅及中庭排烟量之和确定。排烟原理图如图2-80所示，排烟风机1、2负责站厅公共区排烟，排烟风机3、4兼顾中庭及站台层排烟。

(3) 火灾模式分析

车站公共区火灾按站厅火灾、中庭火灾及站台扶梯后侧区域火灾三种工况设计，火灾模式如表2-15所示。

2.1 图纸设计

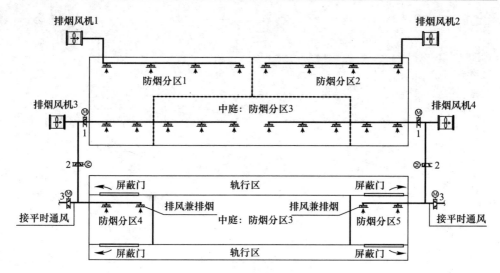

图 2-80 方案一排烟系统原理图

方案一火灾模式联动表 表 2-15

火灾位置	所在区域	排烟风机动作	送风系统动作	风管电动调节阀动作	隧道风机、排热风机辅助排烟
防烟分区1	站厅	风机1、2、3、4启动	关闭	1开启、2关闭、3关闭	不启动
防烟分区2	站厅	风机1、2、3、4启动	关闭	1开启、2关闭、3关闭	不启动
防烟分区3	中庭	风机1、2、3、4启动	关闭	1开启、2关闭、3关闭	不启动
防烟分区4	站台	风机3启动,1、2、4关闭	启动	1关闭、2开启、3关闭	启动
防烟分区5	站台	风机4启动,1、2、3关闭	启动	1关闭、2开启、3关闭	启动

1）当站厅发生火灾时，4台排烟风机同时开启，关闭风阀2、3，对站厅全面排烟，补风靠出入口补入；

2）当中庭发生火灾时，排烟模式同站厅火灾；

3）当站台层非中庭区域如防烟分区4发生火灾时，启动排烟风机3，风阀1、3关闭，风阀2开启，并启动送风系统，实现对站台的补风。该模式下，同时打开车站4台隧道风机、2台排热风机及着火区内屏蔽门滑动门（左端两扇），对站台进行辅助排烟。防烟分区3、4之间的挡烟垂壁下敞口面积约为36m²，当4台隧道风机（单台排风量60m³/s）及2台排热风机（单台排风量50m³/s）启动时，可满足不小于1.5m/s风速的要求，可有效防止防烟分区4的烟气往中庭区域（防烟分区3）蔓延。同理，当站台层非中庭区域（如防烟分区5）发生火灾时，启动排烟风机4，风阀1、3关闭，风阀2开启，并启动送风系统，实现对站台的补风。

2. 设计方案二

防烟分区划分及排烟风机设置同方案一，不同之处在于方案二对防烟分区4、5不单独设置排烟风管，如图2-81所示。

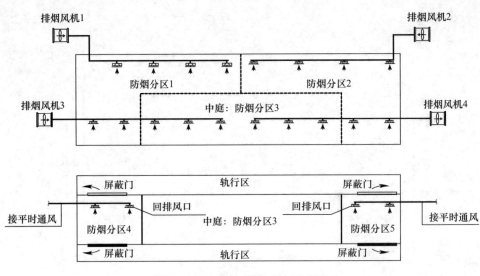

图 2-81　方案二排烟系统原理图

方案二火灾模式分析：火灾模式联动表如表 2-16 所示。

方案二火灾模式联动表　　　　　　　　　　　　　　表 2-16

火灾位置	所在区域	排烟风机动作	送风系统动作	隧道风机、排热风机动作
防烟分区 1	站厅	风机 1、2、3、4 启动	关闭	不启动
防烟分区 2	站厅	风机 1、2、3、4 启动	关闭	不启动
防烟分区 3	中庭	风机 1、2、3、4 启动	关闭	不启动
防烟分区 4	站台	风机 1、2、3、4 不启动	启动	启动
防烟分区 5	站台	风机 1、2、3、4 不启动	启动	启动

（1）当站厅公共区及中庭发生火灾时，4 台排烟风机均启动，进行排烟，补风由出入口补入；

（2）当站台层非中庭区域如防烟分区 4 发生火灾时，4 台排烟风机均不启动，开启隧道风机、排热风机及火灾区域内的屏蔽门滑动门（左端两扇），对防烟分区 4 进行排烟，此时送风系统开启，进行补风。同理，当站台层非中庭区域（如防烟分区 5）发生火灾时，4 台排烟风机均不启动，开启隧道风机、排热风机及火灾区域内的屏蔽门滑动门（右端两扇），对防烟分区 5 进行排烟，送风系统开启进行补风。

与方案一相比，主要区别在于站台层不单独设置排烟风管，火灾时参与联动设备较少，系统较为简单。防烟分区 4 或 5 发生火灾时，开启所在区内凉山屏蔽门滑动门及车站隧道风机、排热风机对站台层进行排烟。而屏蔽门两端滑动门，恰好在防烟分区 4 或 5 范围内，并可以满足站台挡烟垂壁下截面处不小于 1.5m/s 的风速。但方案一（防烟分区 4、5 顶部设置排烟管）可利用挡烟垂壁形成的储烟仓效果，实现顺着烟气流向从顶部排除，排烟效果更为可靠。

2.1 图纸设计

3. 设计方案三

(1) 防烟分区划分

站厅层防烟分区划分同方案一，因站台层两端距中庭区域只有 15m，距离较短，将两端的区域统一纳入中庭考虑，即站台与中庭划为一个防烟分区，站台中庭周围不设置挡烟垂壁，共划分为 3 个防烟分区，如图 2-82 所示。

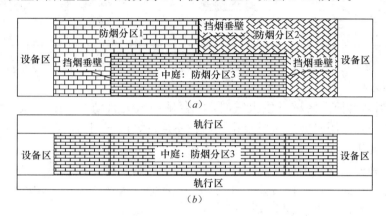

图 2-82 方案三公共区防烟分区划分示意图
(a) 站厅层；(b) 站台层

(2) 排烟系统设计

排烟设备的选择，仍按照中庭火灾时烟气可能向站厅扩散进行考虑，对站厅及中庭区域进行全面排烟，总排烟量为防烟分区 1、2、3 计算的产烟量总和。仍选择 4 台排烟风机，排烟管路系统布置方式同方案二，站台任何一个区域发生火灾时，均通过设置在站厅层的排烟风机进行排除（见图 2-83）。

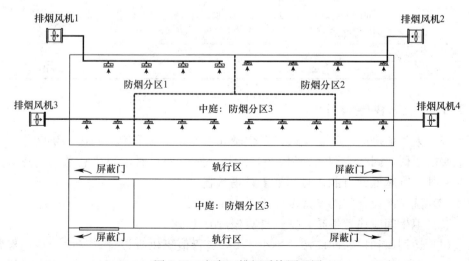

图 2-83 方案三排烟系统原理图

(3) 方案三排烟模式分析

排烟模式如表 2-17 所示。

方案三火灾模式联动表　　　　　　　　表 2-17

火灾位置	所在区域	排烟风机动作	送风系统动作	隧道风机、排热风机动作
防烟分区 1	站厅	风机 1、2、3、4 启动	关闭	不启动
防烟分区 2	站厅	风机 1、2、3、4 启动	关闭	不启动
防烟分区 3	中庭及站台	风机 1、2、3、4 启动	关闭	不启动

1) 当站厅防烟分区 1 或 2 发生火灾时，4 台排烟风机启动，关闭送风系统，补风由出入口补入；

2) 当站台任何区域发生火灾时，4 台排烟风机启动，关闭送风系统，补风由出入口补入，同时隧道风机及排热风机不启动，屏蔽门滑动门不打开。

该方案相对于方案一和方案二，不论车站公共区何处发生火灾，采用的模式均相同，火灾模式简洁单一。但该方案在实行站台层排烟模式时，烟气流向与人员疏散方向相同，且楼梯口处 1.5m/s 的风速难以达到，存在一定的缺陷。三种方案的优劣对比如表 2-18 所示。

三种设计方案的优劣比较表　　　　　　　　表 2-18

比较内容	方案一	方案二	方案三
设备容量	相同	相同	相同
管路阀门系统	较复杂	简单	简单
是否开启隧道风机	是	是	否
模式数量	多	较多	少
排烟效果	满足 1.5m/s 迎面风速的要求，实现烟气顶部排出，烟气排除方向与人员疏散方向相反，排烟效果好	满足 1.5m/s 迎面风速的要求；站台火灾通过屏蔽门排烟，烟气不能实现从顶部排出；排烟效果较好	不满足 1.5m/s 迎面风速的要求烟气与人员疏散方向相同排烟效果差
乘客安全性	高	较高	差
综合比较	推荐	一般	不推荐

2.1.12　北方供暖设计

(1) 人员值班的房间，建议设置供暖和空调，不应采用空调代替供暖作为冬天取暖的手段。因为空调室外机在室外温度低于 $-5℃$ 时，制热衰减，制热效果差。室外温度越低，可能长时间处于融霜状态。

(2) 洗车库设备间的设计温度不应小于 $5℃$。

(3) 卫生间应设置供暖，室内计算温度宜为 $16℃$。

(4) 运用库和检修库应按照不小于 $5℃$ 进行值班供暖设计。且由于库门经常开启，在冬季时存在库内温度低于 $0℃$ 的可能，故库内水管应采取防冻保温措施。

(5) 污水处理站中水泵房、污水及污泥处理间应按照不小于5℃进行值班供暖设计，不应采用自然百页通风，防止出现房间温度过低，泵体冻裂的情况。

2.1.13 OCC控制大厅的空调设计

(1) 控制屏后的设备间应设置空调。控制大屏的设备发热量应由BAS设计专业提供。控制大屏为多组相同的模块（1368mm×1026mm）组成，为均匀发热体（见图2-84）。如某城市控制大厅为2条线共用，其大屏总发热量为50kW，其中大屏后方发热量为28.5kW，大屏前方发热量为21.5kW。由此可见，大屏的发热量是比较大的，而且为常年发热体。根据国内控制大屏的使用情况发现，控制大屏对温度的敏感程度较高，经常出现温度过高导致大屏烧坏的现象。因此，控制屏后的设备间应设置空调系统。

图2-84 控制大厅大屏实景图

(2) 设备间的空调应与控制大厅的空调系统分开设置。由于控制大屏为常年发热体，甚至在冬季工况下，大屏的发热量仍大于建筑热负荷，需要冷风降温。因此，大屏后方设备间的空调应与控制大厅空调系统分开设置。

(3) 大屏背后应设置均匀空调送风。控制大屏为多组相同的模块组成的均匀发热体，且大屏高度一般较高（顶部高度达4.8m），因此必须采用均匀空调送风，设计良好的气流组织，保证高度方向上温度梯度避免出现温度分层严重导致大屏失效的现象。且大屏前后的温差应控制不超过3℃。设备间不宜采用分体空调（分体空调敷设的高度范围有限）。

2.1.14 人性化及安全设计

人性化设计是指在设计过程中，根据人的行为习惯、生理结构、心理情况、思维方式等，在原有设计基本功能和性能的基础上，对设计进行优化，使乘客乘车更加方便、舒适；是在设计中对人的心理、生理需求和精神追求的尊重和满足；是设计中的人文关怀；是对人性的尊重。要设计出一个具有人性化的空间环境，需要考虑很多外在和内在的因素。

地铁车站内通风空调的设置为创造符合人们需求的空间环境起到了至关重要的作用，其具体体现有以下几个方面：

1. 热湿环境与空气质量

地铁作为城市特殊的大运量交通工具，承载着城市内部主要的客流任务，而地铁车站一般较为紧凑，使得车站成了人员极为密集的公共场所。在不同的发展时期，城市的人口总量也会随之不断变化。在地铁建设初期，根据项目研究的需要，会对该地区客流做出科学、系统的预测，一般分为初期、近期和远期，每个年限客流中又含有早高峰和晚高峰客流。在车站通风空调设计中，为满足地铁不同年限的使用需求，会选取其中最大客流量作为通风空调设计的人员参数。

地铁车站是一个相对封闭的空间，仅出入口和风井与室外大气相通，且内部人员密集、空气湿度大、建筑装修材料有害物挥发浓度高，若通风不良常常会造成空气环境差、细菌滋生。

通风稀释是降低室内污染物浓度的有效途径，目前空调季节通风空调系统设计中往往采用最小新风量，在现有的换气次数和新风比下，靠通风稀释来降低室内污染物浓度的效果并不明显。

复合净化是指在不改变当前空调系统形式及主要运行参数的条件下，在空调箱中设置复合净化单元（段），或者在污染空间中单独设置复合净化器。在复合净化单元（器）中，根据当前各类污染物的处理技术，按照一定的顺序设置具有不同功能的处理段，分别实现对空间中各类污染物的单独或联合处理，将其浓度控制在标准要求的限值范围内。

按照处理污染物种类不同，典型地下空间内污染物主要分为三大类：可吸入颗粒污染物PM_{10}及无机有害小分子；总挥发性有机化合物（TVOC）；悬浮微生物，包括细菌、真菌和病毒。目前针对以上几种污染物，有诸多净化技术，但这些技术主要针对某种特定污染物的净化效果较好。因此，需根据不同净化技术的特点进行有机组合，以达到最佳的净化效果。目前，在舒适性空调领域，有纤维过滤、静电除尘、活性炭吸附、等离子、负离子、光催化等处理技术。

每种净化技术都有一定的净化范围及净化特点。所谓复合净化的净化能力及特点并不是单个净化技术的简单叠加，而是通过不同净化技术的有机组合实现优势互补。最大限度地发挥每种净化技术的优势的同时，还能互相弥补各自的不足。

在地铁车站内，建议根据室内外污染源特征的不同，采用不同的空气净化系统。在新风井中设置静电除尘装置，去除新风中的细菌、灰尘和PM_{10}；在全空气系统的送风段设置中效纤维过滤器，进一步去除空气中的细菌、灰尘和PM_{10}。

在公共区客流密集处可布置单独的空气净化设备，用于就地净化空气。空气净化设备集静电除尘、静电灭菌、消除甲醛等多功能于一体，并含有二氧化碳浓度监测功能，实时监测室内是否缺氧，缺氧时可自动报警，并提醒加强通风。

对于地下车站的卫生间常出现臭气熏天，通风无法达到预期效果的现象。建议在机械通风的同时，辅以新型的光等离子空气净化装置，以更好地改善卫生环境。该装置所产生的光等离子体可以消毒杀菌，同时去除臭味、烟味或其他异味以及悬浮微尘。由于采用主动式的空气净化措施，可全面改善相对密封环境的空气质量，从而大大提高了卫生间的空气品质。

2. 热舒适性和吹风感

地铁车站的空调属舒适性空调。地铁环境是人员密集、短时间逗留的公共场所，乘客完成一个乘车过程，从进站、候车到上车，在车站内仅停留3～5min，下车出站约需3min，其余约3/4的时间在车厢内。因此，地铁车站的空调有别于一般舒适性空调。既然乘客在站厅和站台的时间特别短，只是通过和短暂停留，为了节约能源，只考虑乘客由地面进入地铁车站有较凉快的感觉，满足"过渡舒适"即可。人们对温度变化有明显感觉的温差为2℃以上，因此站厅的计算温度比室外计算温度低2℃，而站台温度又比站厅低2℃，满足人员"过渡舒适"的要求。

除了温度外，空调区域内气流组织也影响着乘客热舒适度。而影响空调区域内空气分布的因素有：送风口的形式和位置、送风射流的参数、回风口的位置、房间的几何形状等。其中送风口的形式和位置、送风射流的参数是主要影响因素。现阶段，绝大多数地铁车站都采用上送上回的方式。根据空间大小的不同，为满足送风需求，送风口形式作了相应的选择：如某地铁车站站厅吊顶高度在7m左右，其送风口采用了旋流送风口；而对于一般的地铁车站，站厅站台吊顶高度为3m左右，其送风口均为散流器。且所有送风口都带人字调节阀，可以单独调节每个风口的送风量。在送风口布置上，充分考虑了其设置的合理性，以达到均匀送风的目的，营造良好的气流组织。

又如某城市地铁工程，对于采用全空气空调系统的车站，在房间的送风口或者送风支管上增设人性化电动调节风阀。该风阀采用人为电动控制，控制面板安装在房间内与照明开关等高位置，它类似于风机盘管控制开关，通过控制电缆与吊顶内风阀进行连接。当工作人员感觉房间内温度过低时，人为调小风阀开度，减少房间送风量，反之调大风阀开度，增大房间送风量，满足人性化需求。

此外，对气流运动的评价主要有两个指标：气流运动可接受性和气流运动的喜好。吹风感是人体对气流运动不可接受的一种体现。吹风感是指由于气流运动造成的不需要的局部冷作用。为避免吹风感而导致的人们不舒适,需要限制人体所处空间的空气温度和空气速度。目前地铁车站送风口风速一般为 2~3m/s,经过衰减,到达人员活动区域时的空气流动速度一般都小于 0.2m/s,满足人们的舒适性需求。

3. 运营安全

(1) 对于风道内影响设备正常运行的进风口、排风口以及大型风机的进、出风端应考虑设置防护网或防护罩等保护措施;对于设置在轨行区的射流风机,吊装风管的支吊架、保温以及轨顶风道的插板阀等影响行车安全的敏感点应注意施工工艺选择及强度要求,并在图纸上和设计交底过程中提醒施工单位和监理单位,做到万无一失。

图 2-85 风管与风道连接处设置防护网　　图 2-86 隧道风机进出风端未设置防护网的案例

(2) 某地铁车站站台范围内为土建轨顶风道,从轨顶风道接入站厅送风道及排风道的风管采用镀锌钢板风管。由于列车活塞风的作用,造成 1400mm×1100mm 送风管的支架脱落,脱落的支架和接触网的架空地线接触,运营人员为保证安全,进行断电维修、停运 20min,将支架取下后,恢复运营。

根据现场情况分析原因主要为,螺栓和螺母的公差配合存在问题(见图 2-87)。在后续的设计中,轨行区上的风道应尽量采用土建风道,当无法避免而采用金属风道时,轨行区上方的风管安装应考虑加强。建议轨顶回/排风管、站台送风管途径轨行区部分水平安装支架间距 1m,且每隔 2m 做加强级抗拔力的支吊架,支吊架与结构顶板之间采用后扩底锚栓连接,轨顶风管支架采用型钢焊接,以避免类似事故的发生。

(3) 轨行区上方卧式风阀及轨行区旁立式风阀安装应牢固,并能经受活塞风反复拉压的影响。图 2-88 所示为轨行区上方卧式组合式风阀,由于未进行加固出现风阀错位,险些部分掉入轨行区;图 2-89 所示为风道内立式组合式风阀,由于螺栓未深入混凝土,出现立式组合式风阀倾倒的现象。

2.1 图纸设计

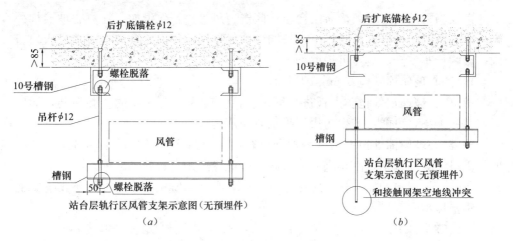

图 2-87 轨行区风管吊架脱落示意图

图 2-88 卧式组合式风阀脱裂图

图 2-89 组合式风阀固定螺栓脱落图

（4）站台层轨行区旁走道的空调水管、风管等安装应牢固，且应采取防保温棉脱落的措施（建议用防锈防腐材料）。图 2-90 所示为车站轨行区旁风管保温棉（外包铝箔为导电材质）脱落，接触到接触网引起打火而影响行车安全事件。

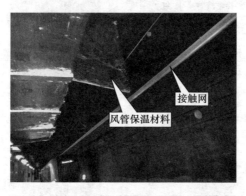

图 2-90 轨行区旁保温棉脱落触及接触网案例

建议当采用离心玻璃棉对站台轨行区走道风管进行保温时,在离心玻璃棉外侧采取必要的防护措施,防止由于长期活塞风作用使得离心玻璃棉脱落进入轨行区,影响行车安全。具体可采取如下措施:

1)离心玻璃棉外包 0.5mm 厚铝板。

2)离心玻璃棉外包防火板进行固定。由于防火板有一定的吸湿性能,而区间空气温度高,可能会产生防火板吸水后脱落现象。

3)离心玻璃棉外包不锈钢钢丝网进行固定。由于钢丝网固定困难,且离心玻璃棉可能会通过钢丝网孔进入轨行区,因此应选用目数较高的钢丝网。

此外,带铝箔的保温材料应尽量避免安装在变电所房间内电力设备正上方而发生铝箔掉落引起导电现象。

(5)隧道风机软接等处应安装牢固,避免被风机吸入,影响运行安全。某车站,由于隧道风机软接两端的抱箍施工安装不牢固,导致负压端的软接绕进了叶轮,使叶轮与风机机壳发生碰撞,叶轮断裂,风机壳体破损。对于此类问题,应在施工设计及设计交底中明确耐压要求,避免此类安全事故的发生。

4. 管线识别

为了满足运营维护要求,方便维护人员辨别管线的归属专业,考虑对车站内各专业的管线、桥架进行颜色统一区分,如表 2-19 所示。图 2-91 为采用管线颜色识别后现场安装效果图。

管线颜色识别统一表　　　　　　　　表 2-19

系统专业	管道类别	管材、桥架	识别色标牌	国标色号	喷字内容	喷字颜色	备注
给排水及消防	生产、生活、消防合用	红色		R03（大红）	SX	艳绿（G03）	字体喷在管道外壁
	消火栓系统管道	红色		R03（大红）	XF	白色	
	自喷系统管道	红色		R03（大红）	ZP	白色	
	压力污水排水管	黑色			YW→	白色	
	压力废水排水管	黑色			YF→	白色	
通风空调	冷却水管	绿色		G03（艳绿）	LQ	白色	采用标识牌贴在保温层外面
	空调冷冻水管		绿色	G03（艳绿）	LD	白色	
	空调凝结水管		绿色	G03（艳绿）	LN	白色	
	空调补水管		绿色	G03（艳绿）	B	白色	
气体灭火	气体灭火管道	红色		R01（铁红）	IG541	白色	

续表

系统专业	管道类别	管材、桥架	识别色标牌	国标色号	喷字内容	喷字颜色	备注
供电（高、中、低压）	桥架	黄色		Y08（深黄）	GD PDZM	黑色	字体喷在桥架外壁容易观察到的地方，喷字内容按专业要求可细化
通信和信号（TX、XH）或弱电系统共用桥架	桥架	鲜蓝		B10（鲜蓝）	TH RD	白色	
综合监控系统（ISCS）	桥架	艳蓝		B15（艳蓝）	ISCS	白色	
机电设备监控（BAS）	桥架	深海蓝		B13（深海蓝）	BAS	白色	
火灾报警（FAS）	桥架	深海蓝		B13（深海蓝）	FAS	白色	
门禁（ACS）	桥架	稚蓝		B08（稚蓝）	ACS	白色	
乘客信息系统（PIS）	桥架	淡天蓝		B06（淡天蓝）	PIS	白色	

注：管线共采用四个系列的颜色，即"红、绿、黄、蓝"，红色应用于消防系统，绿色应用于空调系统，黄色应用于强电系统，蓝色应用于弱电系统。各专业在施工设计中应交代清楚本专业桥架所采用的识别色和喷字要求。

图 2-91 带颜色识别的管线安装效果图

2.1.15 噪声防治措施

地铁内部空间噪声较大会令人烦躁不安，影响人员的舒适性。设计中应注意以下内容：

（1）在地铁车站内部，风机、空调器、水泵等为主要的噪声源。在建筑布置中，这些产生噪声较大的环控机房、冷水机房、消防泵房等一般均应设置在远离公共区的位置。设备安装过程中，其承载的基础应做减振处理。

（2）地铁消声是一项复杂工程，一般由专业厂家进行方案选择与深化设计。

建议地铁消声设计及设备招标时将消声处理打包招标，消声器厂家根据设备频率特性、消声设备的声学性能、空气动力特性及设计噪声控制标准，进行深化设计，确保满足噪声控制要求。

（3）对于设备区管线密集处，风管上无空间安装消声器时，可以采用将普通风管弯头设计成消声弯头取代消声器，降低室内噪声。

（4）对活塞风道噪声处理，应根据室外敏感点噪声要求及环评报告确定是否增设消声器或吸声材料。

（5）建议调整隧道风机通风模式：当某车站周边存在敏感点，隧道风机噪声无法满足要求时，隧道的早晚通风降温可采用越站通风，即不开启该站的隧道风机，通过开启相邻两站的隧道风机给该站两侧的区间换气。

（6）部分车站风道短，无土建条件安装活塞风道消声器时，可考虑风道内衬贴消声吸声材料的方式，或者在风道墙体上喷涂有效的吸声材料。

（7）宜尽可能将风阀墙设置在靠对外风井一侧，避免机壳产生的噪声传播到室外。

（8）对于结构片式消声器在高度方向未布满整个风道的情况，应对上水平面进行有效的封堵，保证气流全部经过消声片。

2.1.16　容易被忽视的规范条款

（1）空调水系统膨胀水量应回收（GB 50736—2012 第 8.5.18 条）。膨胀水量回收方式可采用将定压补水装置的膨胀产生的水接至补水箱或补水箱上部应留有不小于整个系统最大膨胀水量的容积。当设置膨胀水箱定压时，膨胀水箱的上部应留有不小于整个系统最大膨胀水量的容积。

（2）水系统流量传感器应选用具有瞬态值输出的流量传感器（GB 50736—2012，第 9.2.4 条第 3 款）。

（3）风管主干支管应设风管测定孔、风管检查孔和清洗孔。具体做法可参考国家标准图集《风管测量孔和检查门》06K131 中相关内容，应在施工图纸说明中注明参考国家标准图集的页数。

（4）受设备振动的管道应安装弹性支吊架（GB 50736—2012 第 10.3.7 条），具体做法可参考国家标准图集《室内管道支架及吊架》03S402 第 46、47 页内容。

（5）风机盘管电动二通阀宜设置为常闭式电动通断阀（GB 50736—2012 第 9.4.6 条），在设计说明对附件的产品选型中应进行文字说明。

（6）空调系统的新风和回风应经过滤处理（GB 50736—2012 第 7.5.9 条），应在图中表示新风与回风的过滤器（空调器内有过滤网的除外）。

（7）空气净化装置应设置与风机有效联动的措施（GB 50736—2012 第

7.5.11条第5款）。应给低压配电专业提资料要求通过同时通断电的方式实现联动；或对空气净化装置的控制箱通过一对干接点实现与BAS的连接，实现BAS系统开空调器的同时开启空气净化装置，实现联动。

（8）最终冷水机组总装机容量不得大于设计计算冷负荷的1.1倍（GB 50736—2012第8.2.2条）。

（9）施工图说明中应注明冷热水循环泵耗电输冷（热）比（GB 50736—2012第8.5.12条）。

（10）冷凝水管水平干管始端应设置扫除口（GB 50736—2012第8.5.23条第3款），冷凝水管清扫口的具体做法可参考国家标准图集《建筑排水设备选用安装》04S301第11～12页，第16～18页相关内容。设计图纸说明中应有相关描述，图纸中应有清扫口的表示。

（11）冷凝水管不得与室内雨水系统直接连接（GB 50736—2012第8.5.23条第5款）。

（12）每台冷却塔进、出水管道应均应设置联锁开闭的电动阀（GB 50736—2012第8.6.9条）。

（13）小系统空调系统中，空气过滤器进出口应设置静压差的越限报警（GB 50736—2012第9.4.1条）。本专业应给BAS专业提要求，需要设置监视点位。

（14）定压补水装置安全阀前不得设置阀门（GB 50015第3.4.12条）。

（15）定压补水装置的调节水箱上应设过滤器与自动水位控制阀，其公称直径与管径应一致（GB 50015第3.4.14条，第3.4.15款）。

（16）根据《气体灭火系统设计规范》，气瓶室应设机械排风装置，排风口应设于房间下部。

2.2 设计接口及设备监控要求

2.2.1 常见的容易遗漏的接口

1. 设备本体到相关控制柜之间的电缆等

（1）冷水机组出水管上的水流开关至冷水机组自带控制箱之间的线缆，建议明确由设备商提供。

（2）组合式空调机组静电除尘装置、检修照明、变频电机散热风扇的配电与控制要求，需要向低压配电专业提资料。

（3）风机盘管、多联机空调室内机本体至室内温控面板之间的线缆，建议明确由设备商提供。

(4) 无 BAS 系统工程，风机入口处的风阀与风机之间的联锁线缆，需要向低压配电专业提联锁要求。

(5) 当设备如风机、空调器等自带控制柜或变频控制柜时，控制柜至设备本体之间的线缆建议明确由设备商提供。

(6) 空调水系统中，水泵、冷却塔、冷水机组等控制箱至群控柜之间的控制电缆，建议明确由群控系统负责提供和安装。

2. 设备特殊功能需求与相关专业的接口

(1) 温控风机与多联机系统、FAS/BAS 的接口

车辆段、地面车站变电所采用排除余热计算机械通风量，当机械通风量较大造成经济性不合理时，辅以冷风降温系统。变电所同时设置机械通风及冷风辅助降温系统（多联机空调系统）时，两个系统之间的耦合控制措施存在相应的接口。

根据已建成的多条线路，可以采用如下控制主体和控制逻辑，实现功能需求：

多联机系统由温控风机供货商自带控制箱（PLC）统一控制联动系统全年全自动节能运行。控制逻辑关系如下：

1) 当室外温度小于 34℃（默认值）时：室内温度大于 35℃（默认值）启动温控风机通风。会出现两种情况：一种是通过通风换气，室内温下降到 33℃（默认值）以下，风机自动停止，不给多联机空调系统启动信号；另外一种是温度继续升高到 37℃（默认值）时，启动多联机空调系统，停止温控风机和相应启动模式。当多联机空调系统感温下降到 33℃（默认值）时，多联机空调系统自动停机，温控箱运行模式接管［室内温度大于 35℃（默认值）启动温控风通风］，同时不给多联机启动信号。

2) 当室外温度大于 34℃（默认值）时：室内温度大于 36℃（默认值）启动多联机空调系统。当室内温下降到 33℃（默认值）以下时，多联机空调系统自动停止，温控箱模式接管。

3) 多联机空调系统室内机设置有启停接口（无源接点），启停接口由温控风机控制。信号闭合，多联机运行，信号断开，多联机空调系统停止。

4) 当温控风机需要参与火灾运行时，在通风空调工艺图设计中，将温控风机纳入系统模式，在火灾工况下，BAS 通过 I/O 模块输出火灾信号（无源接点），启动相应温控风机（作为排烟或补风用）。当温控风机不需要参与火灾运行时，直接由低压配电专业实现火灾工况停机。

5) 多联机空调系统的联动接口要求在端子排上。

(2) 轴温仪表箱与低压配电、BAS 接口

在地铁工程中，部分风机需要全天 24h 不间歇地运转，以满足地下房间通风

空调需求。由于风机的长时间连续运转,轴承温度渐渐上升,当达到一定温度时,可能会出现温度过高,损坏电机的情况。因此在地铁设计中,一般对设备额定用电功率 $N \geqslant 15\mathrm{kW}$、经常使用并连续运转的风机设置了轴温仪表箱(对专用排烟风机不考虑设置)。主要目的是及时探测风机在运转中轴承温度的变化情况,对风机起到一定的保护作用。

在早期设计中,尤其是第一次设计采用该仪表箱的工程,常会出现遗漏该仪表箱的配电设计和向 BAS 上传信息的功能设计。一般情况下,仪表箱由风机厂家配套提供,配电采用 220V 供电。同时,在设计联络中,应组织仪表箱供货商、BAS 设计一起,对仪表箱向 BAS 上传信息、预留接口协议进行确认,并以正式文字的形式(会议纪要等)存档。

(3) 车站排热风机正常工况与火灾工况的转换

车站排热风机的主要功能是为了排除列车在车站轨行区所产生的发热量(空调器散热和轮轨摩擦生热)、火灾时参与排烟救灾两大功能。地铁工程的行车组织、列车编组一般根据线路的初、近、远期的客流进行设计,由于初、近、远期列车编组和行车密度不一。排热风机的设计中可能会采取两种方案:一是设备分期配置;二是设备按远期配置,初、近期采取变频运行、间歇运行的控制策略。

统计全国在建、已建地铁的情况,采用第二种策略的线路更为普遍。

平时采用变频器控制运行的排热风机,在火灾工况下参与排烟时,应切至工频状态,在对供货商生产、BAS 设计均应做出明确的要求:在火灾工况下,采用设置旁通方式实现工频运行,满足消防要求。

(4) 暖通专业与屏蔽门专业的接口

对于屏蔽门系统,当站台公共区火灾且需开启若干屏蔽门和车站排热风机辅助排烟时,暖通专业应提供屏蔽门开启的位置和数量,并应提交综合监控专业在 IBP 盘上增设屏蔽门手动开启按钮,同时在开启的屏蔽门处应增设声光报警装置,防止人员误入车站隧道轨行区。

此接口要求并非所有地铁工程都存在。有的地铁线路设计采用从站台公共区设置辅助排烟管接到排热风室,站台公共区发生火灾时开启辅助排烟管上的电动风阀,通过排热风机对站台公共区辅助排烟。这种方式,通风空调专业与屏蔽门无直接接口要求,但排烟管尺寸往往比较大,在有限的站台空间下布置比较困难。

2.2.2 常见的容易出错的接口

1. 水系统电动阀门的配电接口

地铁空调水系统中常用的电动阀门主要有动态流量平衡阀、电磁阀、电动蝶阀、电动二通阀等。

不同的阀门其供电要求可能不一样。电磁阀、电动蝶阀、电动二通阀一般采用220V供电，动态流量平衡阀一般采用24V供电。

一般在地铁工程中低压配电专业仅提供220～380V电源，24V电源由BAS专业提供。因此，在设计中应明确本专业设备的用电规格要求后，再向相应专业提供配电要求。

2. 组合式空调机组的配电接口

组合式空调机组有3种用电规格（380V、220V、24V），其中送风段内的送风机为380V供电，静电杀菌段为220V供电，检修照明为24V供电，变频电机散热风扇为380V供电。向动力专业提资料过程时，容易遗漏静电杀菌段、检修照明和变频电机散热风扇的供电要求。检修灯电源应为单独供电（设备停机时照明使用），变频电机和散热风扇的供电应采用联锁控制，同开同关。

此外，当设备采用变频时，在设备技术要求中应明确变频要求，其电机应符合变频接线要求，避免出现采用普通电机的现象。

3. 水系统电动阀门的控制接口

对于采用集成冷站的车站，集成冷站范围内的电动阀门应由集成冷站的控制系统进行控制，其他的电动阀门由BAS进行控制。

对于采用BAS群控的车站，空调水系统范围内的所有电动阀门均应由BAS控制。

4. 动态流量平衡调节阀的控制策略

对于动态流量平衡调节阀，常用的控制方式有5种：

（1）根据空调送风温度来控制末端动态流量平衡阀的开度，如图2-92所示传感器主要设置在空调器送风平稳段。

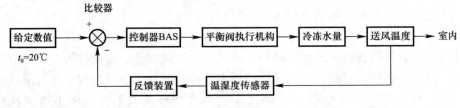

图2-92 根据送风温度控制平衡阀开度

（2）根据空调回风温度来控制平衡阀的开度，如图2-93所示。传感器主要设置在回排风机入口平稳段。

（3）根据回水温度控制平衡阀的开度。传感器设置在回水干管上。这种方式目前主要用在公共区设置多组风机盘管的出入口或者连通道内。平衡阀后的水系

2.2 设计接口及设备监控要求

统管路采用同程式布置。

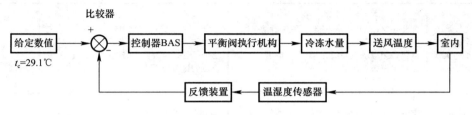

图 2-93 根据回风温度控制平衡阀开度

（4）根据最不利末端供回水最小资用压差控制平衡阀的开度。传感器设置在最不利末端供回水管上，采用压差控制方式。这种方式目前主要用在公共区设置多组风机盘管的出入口或者连通道内，平衡阀后的水系统管路采用异程式布置的情况下。

（5）根据被控对象所服务范围内室内平均温度来控制平衡阀的开度。传感器均匀地布置在服务范围内。这种方式目前主要用在公共区、出入口或者连通道内。对平衡阀后的水系统管路的布置形式无要求。

控制模式不同对 BAS 专业的要求也有所不同。上述第（1）、（2）、（5）种控制方式为传统控制方式，技术比较成熟，BAS 设置的传感器探测对象为空气；第（3）种控制方式，BAS 设置的传感器探测对象水温；第（4）种控制方式，传感器探测对象为供回水压差。因此在设计时，暖通专业应准确地向 BAS 专业提出各动态流量平衡调节阀的控制策略。

5. 防火阀的供电与控制接口。

地铁工程中，常用的防火阀一般有防烟防火阀和排烟防火阀两种，其中防烟防火阀和排烟防火阀又分手动和电动之别，如表 2-20 所示。

地铁工程中防火阀分类表 表 2-20

名称	功能	主要使用场合	是否控制
全自动防烟防火阀	常开，DC 24V 供电，70℃感温（记忆合金温感器，可反复使用）自动关闭，手动关闭和复位，DC 24V 电源控制关闭、复位，无源触点阀门开/关信号输出，可联锁相关设备关闭	穿越防火分区或防火单元之间的防火墙或耐火墙体等防火分隔处；气体灭火房间的进出风管，UPE 风道	是
防烟防火阀	常开，70℃感温自动关闭，手动关闭和复位，无源触点阀门开/关信号输出	穿越防火分区或防火单元内的通风空调机房或其他防火重点控制房间（详见《地铁设计规范》GB 50157—2003 第 19.1.11 条）的隔墙或楼板处，穿越变形缝且有隔墙处	否

续表

名 称	功 能	主要使用场合	是否控制
全自动排烟防火阀	常开，DC 24V 供电，280℃感温自动关闭，手动关闭和复位，DC 24V 电源控制关闭、复位，无源触点阀门开/关信号输出，可联锁相关设备关闭	OTE 风管、穿越防火分区或防火单元之间的防火墙或耐火墙体等防火分隔处的排烟风管，以及其他需主动控制开/关或复位的排烟风管上	是
排烟防火阀	常开，280℃熔断自动关闭，手动复位，无源触点开/关信号输出	除上栏外的其他排烟风机吸入口管道或排烟支管上，位置同防火阀的设置要求	否

其中，普通的防烟防火阀和排烟防火阀一般只监视，不需控制。全自动防烟防火阀需要 DC 24V 供电，并实现监控。下面以全自动防烟防火阀为例，对防火阀的供电与控制进行分析。

（1）供电主体

供电采用 DC 24V 供电，供电主体为 FAS 或气体灭火系统。

（2）监控主体

对于设置在为气体灭火房间服务的全自动防火阀，一般由气体灭火系统进行控制，以保证保护区发生火灾时关闭对应全自动防火阀，起到将保护区隔绝的作用，监视功能由 FAS 系统实现。

除了上述区域外，如轨顶轨底排风道与排热风室的连接处、穿越防火分区或防火单元隔墙上以及其他区域因管线较多或者被吊顶遮挡存在人为操作不便而设置的全自动防烟防火阀，均属于 FAS 监控范畴。

在设计中经常出现设计人员将为气体灭火房间服务的全自动防烟防火阀同时提资料给气体灭火系统及 FAS 专业的情况，在施工过程中造成先施工的单位先接线，后施工的单位无接口接线，导致防火阀接线紊乱。

因此，设计人员应根据设置服务范围不同，有针对性地向 FAS 或气体灭火系统提供资料。

6. 电动风阀的用电负荷等级问题

地铁车站中，电动风阀常设置在以下几个部位：

（1）在风机进、出口设置，与风机联锁，并实现与风道的隔断作用。

（2）在送、排风风管的支管上设置，在火灾工况时开启或关闭电动风阀，实现火灾模式的控制、转换。

对于火灾工况需动作的电动风阀，在向低压配电专业提资料时，应明确按消防负荷进行设计。

7. 设备、阀门编号与低压配电、BAS 专业一致性的问题

暖通专业设备、阀门编号应与低压配电专业和 BAS 专业保持一致，并具有唯一性。

在国内地铁工程设计中，暖通设备实现控制的主要过程和方式为：BAS 根据模式下发指令、低压配电专业接收指令并完成指令的执行。整个过程暖通设备仅仅是受控对象，属于被动体。

更具体地说，低压配电专业不仅对设备进行供电，还承担了 BAS 指令的中间执行者，它从环控柜接出一路电源线的同时，还一起敷设了一组控制线。BAS 根据模式要求发出开关某些设备的指令，最终都由智能低压进行落实。BAS 与智能低压通过"点表"进行被控设备的编号对接。这与传统低压配电专业只给设备供电，编号是否正确是不同的。若本专业设备、阀门编号变动，或者后期增补设备、阀门，却没有及时反馈给低压配电、BAS 专业，必将带来控制紊乱的现象。

8. 电动风量调节阀

电动风量调节阀分为开关型和调节型，其与环控柜的控制接线方式不一致，在提资中需向低压配电专业明确风阀类型。

2.2.3 无 BAS 系统工程

在已建成的多条地铁线路中，地面车辆段、停车场一般没有设置 BAS 系统，在早期建设的轻轨线路中也存在没有设置 BAS 系统的情况。这主要考虑在地面建筑中，火灾工况下参与排烟救援的设备数量较少，且模式单一，可以通过简单的启停控制实现模式控制，确实可以不考虑设置 BAS 系统。

根据对已建成工程的经验，设计应遵循以下原则：
（1）排烟系统应力求简单、模式单一。
（2）避免除与风机联锁外的电动风阀的使用。
（3）对于加压送风系统，不宜通过 220V 电动风阀（如电动多叶调节阀）进行控制，宜采用 DC 24V 全自动防火阀通过 FAS 系统进行控制。
（4）对于多层建筑共用竖井和屋顶排烟风机的排烟系统，宜采用 24V 全自动防火阀或感烟排烟口通过 FAS 系统进行控制。
（5）对于变电所房间配置温控通风机辅以冷风降温的双系统情况，其转换控制宜交由温控风机控制箱进行编程控制。
（6）其他在火灾工况下不参与工作的设备（多联机空调、分体空调、排气扇等），宜通过低压配电系统切除电源或其他方式实现运行停止。

表 2-21 为某城市地铁工程车辆段综合楼模式控制案例。

第 2 章 施 工 设 计

某城市地铁车辆段综合楼控制模式表（部分摘取） 表 2-21

工况		模式编号	排烟风机		加压送风机		全自动防烟防火阀										
			PY-1	PY-2	JY-1	JY-2	AFHF-01	AFHF-02	AFHF-03	AFHF-04	AFHF-05	AFHF-06	AFHF-07	AFHF-08	AFHF-09	AFHF-10	AFHF-11
空调工况（夏季）		b1	×	×	×	×	×	×	×	×	×	×	×	×	×	×	×
过渡季节通风工况（含冬季）		b2	×	×	×	×	×	×	×	×	×	×	×	×	×	×	×
火次工况	一层	b3	O	×	O	×	O	×	×	×	×	×	×	×	×	×	×
	二层	b4	O	×	O	×	×	O	×	×	×	×	×	×	×	×	×
	三层	b5	O	×	O	×	×	×	O	×	×	×	×	×	×	×	×
	四层办公	b6	O	×	×	O	×	×	×	O	×	×	×	×	×	×	×
	四层公寓	b7	×	O	×	O	×	×	×	×	O	×	×	×	×	×	×
	五层办公	b8	O	×	O	×	×	×	×	×	×	O	×	×	×	×	×
	五层公寓	b9	×	O	×	O	×	×	×	×	×	×	O	×	×	×	×
	六层办公	b10	O	×	O	×	×	×	×	×	×	×	×	O	×	×	×
	六层公寓	b11	×	O	×	O	×	×	O	×	×	×	×	×	O	×	×
	七层办公	b12	O	×	O	×	×	×	×	×	×	×	×	×	×	O	×
	七层公寓	b13	×	O	×	O	×	×	×	×	×	×	×	×	×	×	O

注：1. 排气阀、分体空调、多联机系统以及普通风机不纳入控制范围，火灾时由低压配电直接切断控制电源。
2. "O" 为开启；"×" 为关闭。

2.3 设计联络

2.3.1 设计联络的内容

设计联络是施工设计图纸出门前一项不可或缺的环节。对各车站工点设计而言，设计联络工作主要包含设备参数的确定、设备尺寸的校核、变化参数对相关专业的反馈，以及设备最终参数落实到施工蓝图。作为总体或者系统设计而言，设计联络工作主要包含设备技术要求（用户需求书）的制定、设备功能及专业间设计接口的落实、明确供货范围或分界面等。

1. 设备参数的确定

设备参数主要包括以下内容：设备流量、风量、扬程、全压、效率、功率、制冷量、设备尺寸、阻力、安装方式、预埋件、重量、接线方式、正反转、变频要求以及设备配备的附件等。

2. 设备尺寸的校核

包含对设备外形尺寸、安装方式、空调器出风方式、接管方式进行校核。

以空调器为例：

空调器厂商根据设计风量和盘管迎面风速（2.0~2.5m/s）要求，确定组合式空调器的过风断面——宽×高，设计人员应根据各站点机房实际管线布置情况对其进行校核。有时，受机房内横纵梁的影响，空调器不能太高，则需要加大空调器宽度，减小空调器高度；反之机房高度较高但宽度较窄，则需要减小空调器宽度，加大空调器高度。

对于小系统空调器，同样需要根据机房实际布置情况确定设备采用立式、卧式、吊装等形式。建议绘制局部大样图，将设备实际尺寸、出风方式、接管等按实际比例绘制出，以便确定空调器构造形态。图2-94为空调器接管侧设置在靠墙侧而设备与墙体间距小造成接管困难的案例。

同样，对于吊顶内安装的风机盘管，也应对接管进行确认，并向吊顶装修设计专业提出设置检修孔的要求。

3. 变化后的参数对相关专业的反馈

设计联络后最终确定的设备参数，难免有部分会与原设计发生偏差，发生变化的参数应及时向相关专业进行

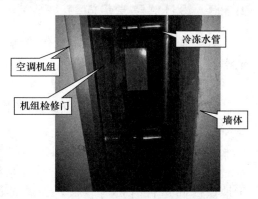

图2-94 设备左右式错误对设备安装的影响示意图

反馈。根据经验总结，反馈内容主要有以下几点：

（1）涉及用电功率变化的设备，应向配电专业提供最新参数，并要求所有设备厂商将各自设备的接线原理图提供给配电专业进行校核，校核形式应按正规程序处理。

（2）涉及尺寸、重量变化的设备及必要的预埋件，应向土建设计专业提供相关要求。

（3）设计联络中，接口或控制主体发生变化的，应向 BAS 等控制专业及时反馈，必要时，组织 BAS 设计、设备厂家一同开会确认。

4. 设备最终参数落实到施工蓝图

所有设备实际参数应如实地反馈在本专业的最终蓝图上，保证施工蓝图的稳定性，减少后期变更内容。设备基础及预埋件、设备孔洞应及时地反映在建筑专业的"设备区装修施工图"上。"设备区装修施工图"一般在风、水、电专业出图的同时或之后出图，这册图是对变化参数进行弥补和修改的良机。

2.3.2 设计联络遵循的基本原则

设计联络过程应尽量安排在本专业设计施工图出图之前，便于将设计联络产生的变化落实到施工图中，保证施工图的稳定性。应尽量避免设计联络在施工蓝图出图之后进行。

设计联络中主要遵循的基本原则有：

（1）设备的主要性能参数必须满足设计要求。主要性能参数包括：流量、风量、扬程、全压、效率、制冷量、安装方式、正反转、变频要求等。

（2）设备尺寸、重量、功率、预埋件、接线方式应满足设计要求。在上述参数的变化不引起土建及相关专业调整的情况下，可对其小幅调整。

2.3.3 设计联络常见问题

对于通风空调专业来说，甲供设备一般为冷水机组、空调器、风机、风阀、消声器、水泵、多联机空调等。在各个设备设计联络时应注意如下问题：

1. 冷水机组

（1）明确供货范围：冷水机组设备供货范围为主机、控制柜、水流开关、减振器、群控系统等。

（2）技术要求：冷水机组可分为单机头、多机头，与设计相关的主要为设备启动最小负荷，当设置单机头时，设备启动的最小负荷是双机头的两倍，由于地铁夜间运行时负荷较低，为满足设备启动要求，尽量选用多机头冷水机组。

（3）冷水机组反馈设备参数给设计院时，要求提供设备运行效率，最小启动负荷，设备供电负荷及启动方式等。

（4）冷水机组设群控系统时，群控所需要的各种接口、接线方式、线缆规格等均需要厂家提供。

（5）冷水机组招标包括群控系统时，应注意如何实现系统负荷自动加载、卸载。负荷自动加载、卸载不仅包括冷水机组的启停控制，也应当包括冷水机组与对应水泵、冷却塔及电动蝶阀的启停控制。根据已运营水系统设备的情况来看，主机可自动加载、卸载，但是即使一台主机运行时，水泵、冷却塔均为两台运行，电动蝶阀一直常开，非常不节能。如何实现一台主机待机时（电源不切断，负荷增大时可实现自动加载运行），其对应的水泵、冷却塔及电动蝶阀也关闭，是群控系统要着重解决的问题。

2. 空调器

（1）供货范围：空调器及风机盘管的供货范围为空调器、风机盘管、粗效过滤器、电子净化除尘装置、粗效压差开关、减振装置、温控面板等，如有要求还包括控制柜。

（2）组合式空调机组各功能段名称应与规范一致，一般容易遗漏均流段，导致设备与混风室直接连接。过滤装置要求成可拆装清洗。

（3）空调器反馈设备参数给设计院时，要求提供设备尺寸及接管方式与口径、风量、冷量、水阻、机外余压、噪声、设备供电负荷及启动方式等，特别注意组合式空调机组有四处供电要求（风机电机、电子净化除尘装置、维修灯、变频电机散热风扇）。

（4）厂家应详细提供组合式空调机组的控制箱（若有）与电子净化除尘装置控制箱的监控接口要求。

（5）空调器电机功率相同，其配电参数、电流值也不尽相同。建议要求空调器厂家提供每台设备的电流整定值，然后将此数据提供给低压配电专业校核。

3. 风机

（1）供货范围：风机供货范围为风机本体、电动机、传动装置（直联除外）、联轴器（联轴器传动型）、皮带轮及三角带（皮带传动型）、防护装置（直联除外）、导轨（皮带传动型）、地脚螺栓、减振器、轴温振动监测装置（包括控制箱）、仪表箱（若有）、风机控制箱（若有）等。

（2）风机设计联络时应熟悉相关设备生产规范。一般轴流风机含有整流罩（优化气流组织）、集流器（增大风量，自由进风才有）、防湍流装置（防止喘振现象发生）、导流器、叶轮（设计联络时注意其材质）、主轴、轴承（设计联络时注意品牌是否与合同相符）、联轴器、皮带轮、仪表等。

应特别注意：设置集流器的风机，根据规范要求应带有防护栅。对于风机

第 2 章 施工设计

并联运行的单端排风工程,应校核风机并联运行时的实际风量是否满足设计要求。

(3) 风机反馈设备参数给设计院时,应包括安装要求、供电要求及启动方式、大风机的净重及运行重量。

(4) 一般技术规格书中规定了风机效率、风机静压比、噪声等特别重要的数据。设备验收时应仔细核对。不排除厂家为了节省成本,在满足安全的条件下,选择采用机号较小的风机,但小机号的风机静压比低、噪声大,不一定满足合同及规范中规定的静压比要求与噪声要求。

(5) 设备验收时,隧道风机应注意反风比、正反向切换时间、轴温振动监测装置及控制箱接口。排热风机应注意集流器后面的防护栅、排热风机变频控制柜接口、轴温振动监测装置及控制箱接口(有的厂家将控制箱与变频控制柜合设)。

(6) 注意:即使风机电机功率相同,其配电参数、电流值也不尽相同。建议要求风机厂家提风机参数时提供每台设备的电流整定值,然后将此数据提供给低压配电专业。

(7) 温控风机一般应含温控箱。温控箱应集传感器、PLC 控制于一体,并规定温控箱的控制对象范围,预留与 BAS 的接口。

(8) 设有轴温、绕阻报警的风机应含仪表箱,并应有必要的配电设计。

(9) 设置有在线振动监测的隧道风机,应在设计联络中明确风机的生产要求,并在设计中明确振动监测结果的上传功能要求。

4. 风阀、消声器

(1) 要求风阀厂家将电动风阀执行机构的接线方式提交给低压配电专业。

(2) 应明确风阀执行机构采用的数量。当风阀面积太大,必须设多个执行机构时,应与低压配电专业协调,保证每个执行机构的同步运行与停止。

(3) 组合式风阀的现场控制箱,可实现故障信号上传。而普通电动风阀一般未设置现场控制箱,其设备本身无法报故障,只能由环控柜或 BAS 系统判断故障。

(4) 消声器应注意单位长度消声量的规定标准。

(5) 消声器招标文件不应遗漏防雨消声挂片的技术要求,提供招标参数时至少应有一台为防雨型,避免厂家对防雨型消声器进行重新报价。

5. 冷却塔

(1) 应补充冷却塔冬季放空的相关要求。

(2) 集水盘水位控制器建议采用不锈钢浮球阀,固定螺栓采用不锈钢型。

(3) 冷却塔现场设置检修电源,预留插座。

(4) 应明确冷却塔的防雷接地要求。

(5) 应明确冷却塔的降噪问题。

(6) 建议冷却塔设置检修爬梯和栏杆、洒水盘上设置盖板。

(7) 技术文件中应明确冷却塔的飘水率、填料等技术参数要求。

6. 设计联络工作发生在施工蓝图之后

设计联络发生在设计蓝图之后,主要有两种情况:一是采用施工图进行设备招标的线路;二是设计联络工作进展较晚而施工蓝图不得已先出,以满足现场施工要求的情况。

当出现这种情况时,不论是对设计(暖通、配电、建筑、FAS/BAS 等专业)、现场施工,还是对建设方都是比较被动的一件事情。因为不同厂家的产品有自身固有的技术特征,设计联络时不可避免地会有部分设备参数发生变化,由此必然带来相应的设计变更,造成施工蓝图的不稳定,从而影响现场施工。

遇到这种情况,一方面设计应保证施工图纸的准确性、适应性,同时在设计联络中尽量遵循产品满足设计的原则,减少变更。

2.3.4 设计联络的管理

1. 设计联络的参与单位

在设计联络阶段,通常以会议的方式解决各类问题。会议参与各方应齐全,一般包括低压配电、FAS、BAS 的系统设计单位及相应供货商。注意不要遗漏与接口相关的任一方,否则,接口协议将不全面或无法协商。

如果只是本专业的设备参数确认,仅需要业主、设计院、供货商共同参与即可。其中业主单位可能不是单独的某一个部门,可能需要分管设备、设计、施工、运营的各部门共同参与。

(1) 在设计联络中,中标厂商应提出标书中有疑义的地方,通过会议的形式进行讨论确定是否合适,并形成会议纪要,便于把握技术标准。

(2) 中标厂商应提供完整的设备尺寸参数、设备用电要求和控制要求,并与相关专业一起讨论,形成会议纪要。

(3) 设备的生产、供货需要工点设计方和供货方双方签字认可,形成正式文件,并交总体单位备案。

(4) 设备参数核对之前,建议由厂商技术人员介绍产品的特点,便于设计人员掌握,减少出错的机率,保证全线的整体质量。

(5) 设计单位只对提供的设计参数负责,提出参数后由厂家配置符合标书的设备和全部参数供设计落实在设计图和对相关专业提资中。

(6) 设计联络应遵循产品适应设计要求的原则。

2. 设计联络的书面成果

在设计联络阶段,任何会议成果均应形成会议纪要或接口协议,并注意:业主单位的代表人员前后不一致，可能出现业主单位同一个部门的意见前后不一致的情况。

3. 设计联络的考察

在设计联络阶段，通常会安排设计联络及考察。考察的目的主要是考察供货商的生产能力、生产工艺及检测手段等是否满足工程要求。作为设计单位，应陪同业主在生产车间或研究室，针对工程需要有针对性地进行充分的了解，不应流于形式，走马观花。

第 3 章 配 合 施 工

3.1 配合施工主要内容

设计配合施工是指设计单位在施工图交付后至验收期间,配合建设单位处理涉及设计的有关事宜,说明施工图设计意图并指导实施,解答和解决实施过程中的问题;参与重大施工方案和指导性施工组织方案研究;参加安全质量问题调查处理、工程验收等工作。其主要内容有:

(1) 设计单位应按照设计图纸供应协议约定的时间和批次交付施工图,按照施工图审核意见修改完善并及时提供设计文件,满足现场施工需要。

(2) 建设项目开工前,设计单位应按建设单位要求做好施工图技术交底工作,说明设计意图,提出建设、监理和施工注意事项,解答建设、施工、监理等单位提出的相关问题。对重难点、高风险和采用新技术的工程项目应专门组织技术交底。

(3) 项目实施中需进行变更设计时,设计单位应在建设单位组织下提供设计方案,按照变更设计规定程序及时完成变更设计。同时,应完善变更设计登记制度,对变更设计进行分类登记。

(4) 出现质量安全事故或其他突发事件时,设计单位应及时到达现场,提出处理意见,完成相关变更设计工作,按规定参与事故调查分析。

(5) 设计单位应积极参与项目系统调试、竣工验收工作,确认项目达到设计要求和条件,满足使用功能要求。

(6) 设计单位应及时完成其他施工现场设计配合工作,满足现场施工的需要。

3.2 设计交底与图纸会审

为了使参与工程建设的各方了解工程设计的主导思想,对主要采用的新技术、新工艺、新材料、新设备的要求以及施工中应特别注意的事项,掌握工程关键部分的技术要求,保证工程质量,设计单位必须依据国家设计技术管理的有关规定,对提交的施工图纸进行系统的设计技术交底。同时,为了及时纠正图纸中的差错、遗漏、矛盾,将图纸中的质量隐患与问题消灭在施工之前,使设计施工图纸更符合施工现场的具体要求,避免返工浪费,在施工图设计技术交底的同时,监理、设计、建设、施工及其他有关单位需对设计图纸进行会审。施工图纸是施工单位和监理单位开展工作的最直接依据。设计交底与图纸会审则是保证工程质量的重要环节。

3.2.1 设计交底与图纸会审应遵循的原则

(1) 设计单位应提交完整的施工图纸。设计交底与图纸会审可根据实际施工图交付情况分批进行。

(2) 在设计交底与图纸会审之前,建设、监理、施工和其他有关单位必须事先指定主管该项目的有关技术人员自审,初步审查本专业的图纸,进行必要的审核和计算工作。各专业图纸之间必须相互对照核查。

(3) 设计交底与图纸会审时,负责该项目的主要设计人员应参加。进行设计交底与图纸会审的工程图纸,必须经建设单位确认,未经确认不得交付施工。

(4) 凡直接涉及设备厂家的工程项目及施工图,建设、监理与设计单位应对其进行技术交底与图纸会审。

3.2.2 设计交底与图纸会审的组织

(1) 时间。设计交底与图纸会审在项目开工之前进行,具体时间由建设或监理单位决定并发通知。参加人员应包括监理、建设、设计、施工等单位的有关人员。

(2) 会议组织。设计交底与图纸会审会议由总监理工程师主持,监理和各专业施工单位(含分包单位)分别编写会审记录,由监理单位汇总和起草会议纪要,总监理工程师应对设计技术交底会议纪要进行签认,建设、设计和施工单位会签。

3.2.3 设计交底与图纸会审工作的程序

(1) 首先由设计单位介绍设计意图、设计特点、工艺要求、施工中注意事项等。

(2) 各有关单位对图纸中存在的问题进行提问。

(3) 设计单位对各方提出的问题进行答疑。

(4) 各单位针对问题进行研究与协调,制定解决办法,形成会审纪要,并经各方签字认可。

3.2.4 设计交底的重点

(1) 对设计蓝图中错、漏内容进行修改、补充。

(2) 对设计中未交代清楚,或者表达含糊的地方进行澄清。

(3) 对设计发生变化的地方（如设备招标后实际基础尺寸）进行说明。
(4) 应特别交代设计中重难点、新采用的关键技术等。

3.2.5 纪要与实施

(1) 监理应将施工图会审记录整理汇总并负责形成会审纪要。经与会各方签字同意后，该纪要即被视为设计文件的组成部分，施工过程中应严格执行。

(2) 如有不同意见通过协商仍不能取得统一时，应报请建设单位组织专题会议讨论决定。

(3) 对会审会议上决定必须进行设计修改的，按设计变更管理程序进行修改设计。

3.3 配合施工常见案例分析

【案例1】 复合风管与风阀的连接

某地铁车站通风空调风管采用双面彩钢复合风管，风管厚度为 $H_1=25mm$，单体风阀的法兰翻边 $H_3=40mm$，风阀与风管之间采用 F 型法兰及螺母固定安装，连接示意图如图 3-1 所示。根据现场安装情况，40mm 宽的风阀法兰偏窄（$H_3<H_1+H_2$），导致 F 型法兰与风阀法兰边错位，螺母不能垂直于法兰边固定，造成风阀与风管之间连接不密实，漏风较大。

通过该经验教训，在后续线路的风阀设计联络工作中，要求风阀法兰边统一翻边 50mm，有效解决风阀与复合风管的连接问题。

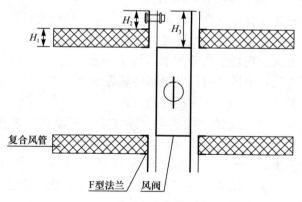

图 3-1 风阀与复合风管连接示意图

【案例2】 冷却塔的布置

1. 前期预留的冷却塔基础不符合实际设备安装要求

在土建施工图设计中，土建图纸为了保证不遗漏冷却塔基础施工工作量，需要通风空调专业提供设备基础的范围、主要做法和运行荷载等资料。由于此时设备未招标，空调专业可以提供设备基础的范围和运行荷载资料，但是无法提供精确的基础型式详图。为满足土建施工图需求，一般按均布荷载提供，然后在设备招标后根据设备厂家提供的基础尺寸，提供给土建施工单位进行施工。

当设备招标滞后于土建施工进度时，考虑冷却塔基础对结构要求不高（主要满足承重要求），建议采用土建预留钢筋，设备安装单位后浇的方法。对于无法采用上述建议，土建基础需一次性浇筑完成时（如屋顶基础），可在已有基础上制作钢结构基础，如图 3-2 所示。

图 3-2　冷却塔尺寸大于预留基础尺寸时的解决措施

此外，当冷却塔设置于室外绿化带范围时，应在进行冷却塔基础浇筑之前，对基础范围内地基进行必要的加固处理，主要是冷却塔基础承重平台的设计。

2. 冷却塔现场手操箱控制功能不当

冷却塔一般安装在室外，检修时需要现场断电。因此在进行设备招标时，应要求厂家对冷却塔配置现场手操箱。现场设备启停控制方式有两种：一种为直接断电控制；一种为通过现场手操箱控制设置于冷水机房内冷却塔控制柜的开关。对于前一种控制方式，手操箱内应设置断路器等电器元件；后一种控制方式，箱内应设置有继电器等元器件，并明确控制方式。

如某地铁工程，由于设计文件遗漏上述要求，厂家供货采用第二种控制形式，现场手操箱控制所有冷却塔同时开启或同时关闭，不满足检修要求。

为满足运营要求，设计补充手操箱至冷水机房控制箱之间的电缆，同时要求厂家将手操箱"一控多"改为"一控一"。建议后续线路设计时，应明确冷却塔现场的控制方式，根据控制方式正确设置电缆接线。

3. 多塔并联的溢水问题

（1）设计情况（见表 3-1）

该站选用 3 台冷却塔并联布置，冷却水系统相关设备设计参数如表 3-1 所示。其中 LT-02、LT-03 共用集水盘，因现场条件限制，3 台冷却塔无法放置在

3.3 配合施工常见案例分析

一起,LT-01 与 LT-02、LT-03 的集水盘用 DN200 的连通管连接,LT-01 与 LT-02、LT-03 分别位于连接地块商业通道的两侧,连通管从 LT-02 起下穿至下一层冷水机房内,并绕至 LT-01 处从风井处爬升连接 LT-01,塔水平间距约 18m,连通管管长约 24m,如图 3-3 所示。

空调水系统设备配置表   表 3-1

设备名称	设备编号	设备参数
冷水机组	LS-01～03	制冷量 859.9kW,输入功率 168.2kW; 蒸发器,进/出水温度 12/7℃,流量 148m³/h,水压降 75.6kPa; 冷凝器,进/出水温度 32/37℃,流量 177.8m³/h,水压降 76.1kPa
冷冻水泵	DB-01～04	流量 159m³/h,扬程 35.5m,功率 30kW,变频电机,备用一台
冷却水泵	QB-01～04	流量 198m³/h,扬程 28m,功率 30kW,备用一台
冷却塔	LT-01～03	循环水量 300m³/h,电机功率 5.5×2kW,进/出水温度 37/32℃,扬程 3.8m,变频电机

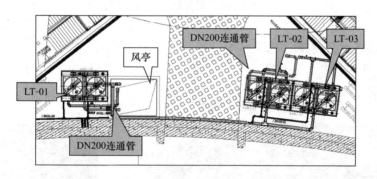

图 3-3(a) 地下一层下沉广场冷却塔平面布置总图

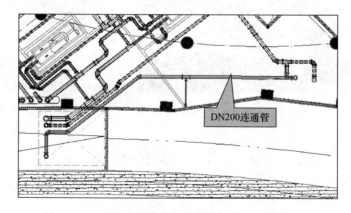

图 3-3(b) 地下二层冷水机房冷却塔连通管布置图

冷却塔 LT-01 进水管对应电动蝶阀 DS-07,LT-02 进水管对应电动蝶阀 DS-08,LT-03 进水管对应电动蝶阀 DS-09,回水管上均未设置电动蝶阀,原理图如图 3-4 所示。

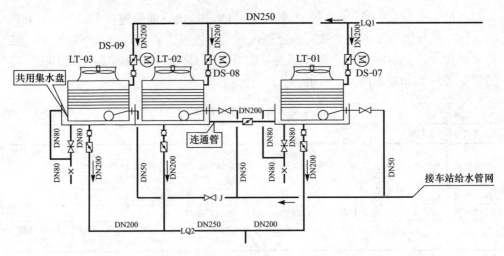

图3-4 冷却塔并联布置原理图

（2）现场运行出现的问题

1）单开冷却塔LT-01时，LT-01溢水，如图3-5（a）所示，LT-02和LT-03不停补水，如图3-5（b）所示。

图3-5（a） 单开冷却塔LT-01时，该塔溢水

图3-5（b） 单开LT-01时，LT-02和LT-03不停补水

2）单开冷却塔LT-02或LT-03时，开启的冷却塔溢水，LT-01不停补水。
3）同时开启LT-01、LT-02或LT-01、LT-03时，冷却塔都不溢水。
4）同时开启LT-02、LT-03时，开启的冷却塔溢水。

（3）问题分析

1）单开LT-01，关闭LT-02和LT-03时，LT-01溢水分析

如图3-4所示，单开LT-01时，取LT-01水面为2-2断面，取LT-02、LT-03水面为1-1断面。

$$\frac{P_{a_2}}{\rho g} + h_2 + \frac{v_2'^2}{2g} = \left(\frac{\lambda l_c}{d_c} + \sum \zeta_c\right) \times \frac{v_c^2}{2g} + \frac{P_{a_1}}{\rho g} + h_1$$

式中 l_c——平衡管长度，m；
P_{a_1}、P_{a_2}——水表面大气压力，Pa；
d_c——平衡管直径，m；
v_c——平衡管中水流速度，m/s；
ρ——水的密度，kg/m³；
g——重力加速度，m/s²；
h_1、h_2——冷却塔集水盘里水的高度，m；
$\sum \zeta_c$——平衡管 c 的局部阻力系数和（无因次量）；
v_2'——集水盘表面水流速度，m/s；
λ——沿程阻力系数（无因次量）。

冷却塔进水在经过填料层流至集水盘上表面时，流速一般小于 0.01m/s，可将上式中含 v_2' 的那一项忽略不计。

又忽略 P_{a_1} 与 P_{a_2} 差值的影响，则可推出：

$$\Delta h = \left(\frac{\lambda l_c}{d_c} + \sum \zeta_c\right) \times \frac{v_c^2}{2g}$$

式中 Δh——集水盘水位高度差，最大值为冷却塔集水盘上边线与开始补水时的水位高度差，m。

根据以上分析，对部分参数取假定值进行试算：

查沿程阻力系数表，水管内径 200mm 时，λ 取 0.0304。l_c 取 28m，d_c 取 0.2m，$\sum \zeta_c$ 取 6.68（蝶阀 1 个 0.2，按 9 个 90° DN200 弯头 0.72×9=6.48）

理论上：一台冷却水泵流量为 198m³/h，3 台均分为 66m³/h。开 LT-01 时，必须靠连通管来平衡流量。当 Δh 取 0.21 时，v_c=1.245m/s，平衡管流量 Q=140.7m³/h＞66×2=132m³/h，LT-01 不会溢水。

但实际上：水泵是按照满足 3 台泵同时运行时选型的，当单台泵工作时，管网阻力减小，水泵工况点沿水泵特性曲线向右移动，系统的实际流量会大于上述理论额定流量（198m³/h），且 Δh 也达不到理论取值，即平衡管的实际流速不可能达到上述计算的 v_c 值，因此出现 LT-01 溢水，LT02、03 补水的情况。

2) 开 LT-02 或 LT-03，因其位于同一个集水盘内，因此无论开哪一台，出现的情况是一样的。两台冷却水泵流量均分至每台冷却塔，198×1/3=66m³/h。若 Δh 取 0.21 时，v_c=1.245m/s，平衡管流量 Q=140.7m³/h，理论上不会溢水。

与上述 1) 的情况类似，管网实际流量要更大，平衡管流速也不大可能达到理论值，同样会出现 LT-01 补水，LT-02、LT-03 溢水的情况，但因 LT-02 和

LT-03 共用集水盘，对水量平衡起到一定调节作用，因此，溢水没有单开 LT-01 时明显。

3）当开启 LT-01、LT-02（或 LT-03）两台冷却塔时，不溢水。

因 LT-02、LT-03 共用一个集水盘，当开启 LT-01、LT-02（或 LT-03）时，进水基本平衡，且 LT01 靠近水泵近端，阻力较小，旁通的流量此时较小，因此没有出现溢水。

4）当开启 LT-02、LT-03 时，LT-02、LT-03 均溢水。

因 LT-01 靠近水泵近端，出水量大于单台 LT-02（LT-03）的出水量，此时 LT-02 的出水全部需依靠旁通管获得，流量较大，旁通能力不够，因此导致不足的水由 LT-01 补给，而 LT-02、LT-03 无法消化多余的进水，因此发生溢流。

（4）规范对于联通管、电动阀的设置规定

《地铁设计规范》GB 50157—2003 第 12.2.40 条：冷却塔多塔布置时，宜采用相同型号产品，且其集水盘下应设连通管，进水管上设电动阀。

《地铁设计规范》GB 50157—2013 第 13.2.45 条：冷却塔多塔布置时，宜采用相同型号产品，且其集水盘下应设连通管，进水管和出水管上均应设电动阀。

《民用建筑供暖通风与空气调节设计规范》GB 50736—2012 第 8.6.9 条：当每台冷却塔进水管上设置电动阀时，除设置集水箱或冷却塔底部为共用集水盘的情况外，每台冷却塔的出水管上也应设置与冷却水泵联锁开闭的电动阀。条文解释：为防止无用的补水和溢水或冷却塔底抽空，设置自控隔断阀的冷却塔出水管上也应设电动阀。即使各集水盘之间用管道联通，由于管道之间存在流动阻力，仍然存在上述问题。因此，仅设置集水箱或冷却塔底部为共用集水盘（不包括各集水盘之间用管道联通）时除外。

从规范的不断变化可以看出，通过在进、出水管上设置电动阀门，实现与冷却塔的联动可有效地解决冷却塔部分开启出现的溢流、补水问题。

（5）设计建议

综合现场调试情况及理论分析，总结出如下几点建议，供后续类似设计参考：

1）冷却塔应尽量共用集水盘。

2）宜适当加大平衡管管径，并避免出现过长的情况，以减小平衡管的阻力。

3）考虑单台水泵运行时实际流量较设计流量偏大，建议适当增加冷却塔集水盘容积。

4）应在冷却塔的进、出水管上均设置电动蝶阀。

对本案例，按照第 4）条进行了改造，改造后，溢流/补水的问题得到了很好的解决，如图 3-6 所示。

3.3 配合施工常见案例分析

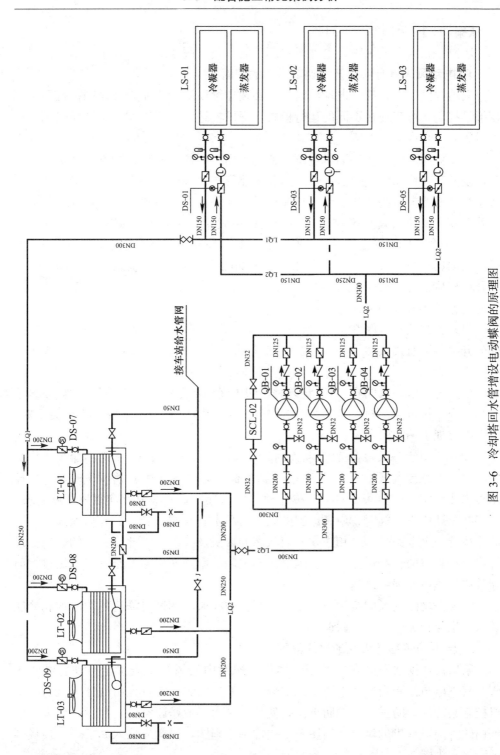

图 3-6 冷却塔回水管增设电动蝶阀的原理图

【案例 3】 风阀的相关问题

风阀包括组合式风阀、电动风量调节阀、防火阀等。

1. 电动风阀具有部分开度调节功能的问题

某地铁线路中，部分电动风阀需要实现连续可调的功能，其风阀执行器采用模拟量控制，可实现在不同的运行模式（通风模式、空调模式、排烟模式等）中使风阀开启角度一一对应。

由于低压配电专业对通风空调设备均采用智能低压控制柜的方式来实现供电和控制，其无法输出模拟量信号，因而不能直接实现该风阀需要的功能。通过与低压配电专业、风阀和智能低压控制柜供货商协调，为该类风阀配置开关量的执行器，在需要使风阀开度在满开和全关的中间某一位置时，定义一个中间档位（注意：一个风阀只能定义一个中间档位，该位置根据设计参数要求决定）。为便于下面的运行操作进行描述，在此定义风阀的全关为"0"状态，预设的一个中间开度档位置为"1"状态，满开为"2"状态。

运行操作方式如下：

（1）若初状态风阀在"0"状态时，即全关状态，当 BAS 下达的命令是执行部分开时，可直接实现 0→1；当 BAS 下达的命令是执行满开时，可直接实现 0→2。

（2）若初状态风阀在"1"状态时，即中间档部分开启状态位置，当 BAS 下达的命令是执行满开时，可直接实现 1→2；当 BAS 下达的命令是执行关闭时，可直接实现 1→0。

（3）若初状态风阀在"2"状态时，即满开状态，当 BAS 下达的命令是执行关闭时，可直接实现 2→0；当 BAS 下达的命令是要到达中间档位 1 时，智能控制柜先让风阀执行器从 2→0，再安排执行器运行从 0→1，从而实现该开度要求。

在设计该类风阀时，应考虑有的风阀产品由满开调节到部分开启状态时，因需要执行一个全关过程，相应在开启状态的风机及管路也因此受一定的影响。设计应分析具体的管路情况，避免因该风阀关闭的影响而引起管路突然增压过大而爆管或是风机受损、停运等。

实现该功能的风阀接线也较复杂，配施中在风阀调试时需清楚其原理和功能要求，配合相关专业实现联调。

2. 全自动防烟防火阀的接线问题

某城市地铁线路，在服务于气体保护房间内的风管上设置全自动防烟防火阀，其供电与控制由气体灭火系统实现。当发生火灾时，首先由气体灭火系统主机控制关闭起火防护区内的防火阀，使防护区内形成密闭空间，再进行灭火。根据调试时厂家提供的风阀接线图及二次控制原理图，风阀应接入如下 5 个接线端子，分别为图 3-7 中室外①、②、④、⑥、⑦。

3.3 配合施工常见案例分析

图中　①——(一)动作、复位电源信号线(DC24V,0.5A);

②——(＋)动作信号线;

③——(＋)开启过程显示信号线;

④——(＋)复位电源信号线(DC24V,0.5A);

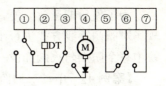

图 3-7　防烟防火阀接线示意图

⑤、⑥、⑦——无源联锁控制信号线

风阀为常开，当①、②接通时，风阀得电，电动关闭。

风阀关闭后，当①、④接通时，风阀得电，电机转动，风阀电动复位（开启）。⑥、⑦为信号输出反馈接线端子。

气体灭火控制系统按常规防烟防火阀控制设计，4根线缆（两根电源线、两根信号线）接入即可满足要求。根据上图中风阀接线图，无法满足风阀控制要求。

由于气体保护房间灭火后，可采用手动复位的方式进行开启，因此，现场采用仅接①、②、⑥、⑦四个端子，实现电动关闭、手动复位、信号反馈功能，满足设计要求（见图3-8）。

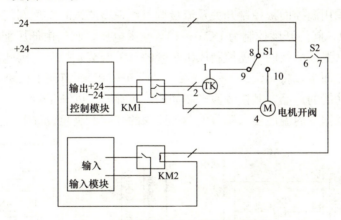

图 3-8　改造后防烟防火阀控制原理图

说明：图3-8中，S1和S2为防火阀内部触点开关。TK机构接KM1继电器的常开点，控制模块动作后，KM1继电器输出24V至TK机构的端子2，并与TK机构端子1形成24V回路，触发TK机构动作，使得防烟防火阀关闭，同时S1触点开关的8、10关闭，S2触点开关6、7闭合。S2触点开关6、7闭合后，KM2继电器动作，输入模块收到防烟防火阀打开后反馈信号。气体灭火控制系统报警主机复位后，控制模块停止24V输出，KM1继电器复位，电机动作（M电机接KM1继电器的常闭点），防火阀打开，二次线路恢复原始状态。该线路图为防火阀自动复位，不需要人工处理。

为了使后期运营方便，避免防烟防火阀复位时人工爬至吊顶上方手动操作，现场对阀门接线方式进行了改动及相关试验，将接线端子①、⑥短接，在输入模块中每个防烟防火阀加设一只继电器，如图 3-8 所示，可实现自动复位功能。

【案例 4】 电动二通阀、电动蝶阀的招标及控制

1. 招标漏项

部分城市，空调系统中电动二通阀、电动蝶阀、动态平衡调节阀由 BAS 专业负责采购并接线控制。由于 BAS 专业不了解阀门的具体要求及种类，认为本专业仅有两种电动控制阀门——动态流量平衡调节阀、压差旁通阀，从而造成了其他电动水阀的招标漏项。

由于电动蝶阀及电动二通阀数量较多，单价较高，补充招标的总金额较大。根据施工图设计要求，设计院重新编制了电动蝶阀及电动二通阀的技术规格书，补充招标。

建议后期工作中，将本专业所有阀门的招标采购设置在本专业范围内，减少与其他专业的接口。

2. 管理用房内风机盘管电动二通阀的控制问题

某地铁工程，本专业设计时采用了具有流量调节功能的电动二通阀，DC 24V 电源供电，采用温控面板控制开关及流量调节。现场调试时发现阀门执行机构为 DC 24V 电源，阀门开度控制为 DC 0~10V 输入电压。阀门由低压配电专业供电的温控面板（温控面板同时还控制风机盘管的开关调节）控制，因此需要具有变压功能的温控面板，将 AC 220V 电压变为 DC 0~10V。市面上仅极少数厂家生产具有此类功能的产品，其接线原理图如图 3-9 所示，可满足对风机盘管的开关调节，也可根据室内温度要求调节电动二通阀的开度，满足设计要求。

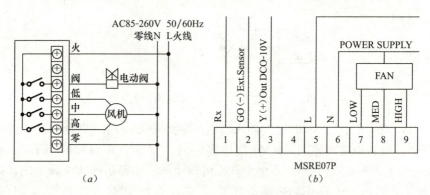

图 3-9 空调水系统阀门接线原理图
(a) 开关型电动二通阀接线图；(b) 流量调节型电动二通阀接线图

建议后续线路设计时，管理用房内设置的风机盘管管路上选用的电动二通阀为开关型，电源为 AC 220V，由普通控制面板控制，无需 BAS 供电。

3.3 配合施工常见案例分析

【案例 5】 排热风机的控制策略

排热风机指的车站轨顶轨底排风机,主要服务于车站轨行区轨顶、轨底风道排风,以及隧道和站台层公共区的辅助排烟。排热风机为通风系统能耗大户,一般通过变频控制风机转速达到改变风量、用电功率,从而达到节能运行的目的。

地铁的设计年限分初期（3年）、近期（10年）、远期（25年）。远期的行车密度一般都可达到 30 对/h,而初期往往只有 12 对/h。排热风机根据远期行车密度下进行配置,对于初期、近期存在着较大的富余,应根据初近期行车密度、客流、车辆编组等对隧道内温度和排热风机风量进行模拟计算,确定不同工况下排热风机运行策略。

例如某城市地铁线路,当行车对数为每小时 20~30 对时,排热风机按工频运行,理论计算输入功率为 30kW;当行车对数为每小时 12~20 对时,计算风量为额定风量的 80%,输入频率为 40Hz,理论计算输入功率为 15.36kW;当行车对数为每小时 6~12 对时,计算风量为额定风量的 60%,输入频率为 30Hz,理论计算输入功率为 6.48kW。从以上理论计算输入功率可以看出,变频控制可以实现节能运行。

在设计中,应将不同行车对数对应的排热风机电机的输入频率提交给 BAS 专业,由 BAS 专业与信号专业协调,将信号系统的行车数据实时传输给 BAS 系统,再由 BAS 系统根据行车数据计算出当前的行车密度,选择排热风机对应的运行频率。

【案例 6】 组合式空调机组配电及接线

组合式空调机组一般由混合段、过滤段、静电杀菌段、表冷段、均流段、送风段、消声段等功能段组成。

1. 电子净化除尘装置的联动控制

空调机组内部风机驱动为三相异步电机,供电电源为 AC 380V,电子净化除尘装置与空调机组内部检修灯电源均要求输入 AC 220V 电源,且电子净化除尘装置要求与空调机组联动控制,实现同时开启与关闭控制。

电子净化除尘装置有两种自动控制方式:其一是通过电源控制,通过开启或切断供电电源,实现除尘装置与风机的联动;另一种方法是通过远程控制。一般考虑使用电源控制方案。

若设计中未考虑该除尘段的联动控制,可以考虑从附近配电箱处接入一路电源供其使用,并采用空调机组粗效过滤器处的压差开关作为控制信号,实现其与空调器的联动控制,满足设备运行工艺要求。

2. 组合式空调器与变频控制柜接线要求

某城市地铁线路通风空调系统设计中采用大系统一次回风的变风量系统。组合式空调器、回排风机要求变频，低压配电设置变频控制柜。现场发现组合式空调器风机段内的风机为非变频电机，接线方式存在差别。

解决对策：通过调整组合式空调器内风机电机的接线方式（星三角接线），使之与变频器相适应，同时确定风机频率运行的上、下限范围，确保设备的安全运行和系统的功能要求。

3. 组合式空调器专用变频电机散热风扇的配电

某车站组合式空调器风机采用变频电机，设备到货后发现变频电机自带一个排热风扇（风扇铭牌参数 380V/50Hz，功率 300W，风量 $3000m^3/h$,），此风扇需要单独的配电回路。

解决对策：可行的技术方案主要有以下两种：

方案一：由低压配电专业从照明配电室的三级负荷小动力配电箱三相备用回路中引出一路配电为排热风扇供电。但需要对此备用回路进行改造，增设接触器，实现与BAS模块箱进行联动控制。BAS专业通过照明配电室内的远程I/O模块箱内备用模块与增加的接触器联锁，实现散热风扇与组合式空调器的同开同关控制功能。同时还需要落实三级负荷小动力配电箱中是否有满足容量要求的三相备用回路。若无，可在箱体空间允许的情况下将两相回路改造为三相回路，并增加接触器。

方案二：由低压配电专业从照明配电室的三级负荷小动力配电箱三相备用回路中引出一路配电回路至环控机房，在组合式空调器附近设配电箱一个（内设接触器实现与BAS模块箱进行联动控制）。BAS专业通过环控机房内远程I/O模块箱内备用模块与新增配电箱内的接触器联锁，实现散热风扇与组合式空调器的同开同关控制功能。

建议：在设备招标阶段应明确组合式空调器风机的电机是专用变频电机还是宽频电机。如确定采用专用变频电机，在设计联络阶段应将变频电机散热风扇的用电要求列在供货设备清单中，并向低压配电专业提用电要求。

【案例7】 大功率风机的启动方式与环控柜不匹配问题

某城市地铁线路，大于 11kW 的电机采用星三角启动方式。而低压配电专业设计的环控柜内对所有风机及空调器设置了电机保护器，功能也是防止设备启动时电流过大。采用电机保护器的接线原理与采用星三角启动方式的接线原理不一致，接口发生冲突。

解决对策：由空调设备厂家对接线盒进行改线，满足环控柜的接线要求。

建议后续线路设计中，通风空调专业不应对设备启动方式进行规定，应由低压配电专业统一设计，本专业仅提设备功能需求（如变频）即可。

【案例8】 车站商业开发火灾模式控制

独立于车站的商业开发一般无BAS系统，因此在火灾模式下，风机、电动风阀的控制设计不能简单地套用车站模式采用模式转换。

这种情况同前述的地面车辆段、停车场类似。排烟系统应力求简单、模式单一，建议采用专用排烟系统。同时，避免出现通过220V电动风阀进行模式转换的情况，宜采用24V全自动防火阀、常闭排烟口（排烟阀）等通过FAS系统进行控制，相关的控制要求应提交低压配电与FAS专业。

【案例9】 射流风机的安装

射流风机与其他诱导通风设备相比有着布置灵活、系统投资低、对土建影响小等优点，因此在出入段线、隧道洞口、停车线等处，常采用射流风机作为区间隧道的辅助通风设备。在设计射流风机时，应注意以下问题：

1. 安装方式

射流风机常用的安装方式有顶部安装和壁龛式两种。

由于列车运行的活塞风作用，射流风机需经受列车活塞风正负压的不断冲击，且列车行驶时会产生震动，从运营的安全、长久和检修维护方面考虑，射流风机不宜采用顶部安装方式。

当必须采用顶部安装时，应在土建中板施工阶段预埋钢板，射流风机支吊架与钢板焊接（见图3-10），尽量避免采用锚栓固定方式，从而降低设备及附件脱落的风险。

图3-10 区间射流风机支吊架与钢板焊接固定

2. 选型要求

射流风机宜采用小直径型号，当风机直径大于1000mm，且多台并联时，应计算风机进出口高速气流对人员疏散的影响。

3. 对土建的要求

采用壁龛式安装时，风机安装处应设置导流措施，风机安装段长度不应小于$10D$（D为风机直径），风机前后导流装置的角度不宜大于15°（见图3-11），不同直径射流风机所需要的最小安装宽度可按表3-2选取。

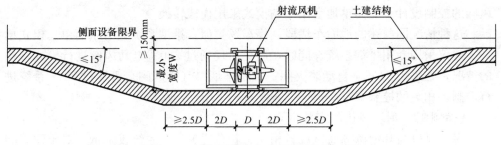

图 3-11 射流风机壁龛式安装平面示意图

不同型号的射流风机最小安装宽度　　　　表 3-2

风机直径（mm）	630	900	1000	1120	1250
最小宽度 W（mm）	1100	1400	1500	1620	1750

射流风机应在底板、顶板和侧墙处预埋钢板，且支撑风机结构承载力不应小于风机实际静荷载的 15 倍，风机安装前应做支撑结构的荷载试验。

4. 布置要求

同一断面布置 2 台及 2 台以上射流风机时，相邻 2 台风机净距不宜小于风机直径的 1 倍，射流风机纵向最小间距可按 $10d+20m$ 设计，其中 d 为隧道当量直径（水力直径），风机边沿与隧道设备限界的净距不宜小于 150mm。

当隧道内有疏散平台时，射流风机应布置在疏散平台对侧。

【案例 10】 立式组合式风阀圈梁的设置

立式风阀外挂于墙体安装时，要求风孔四周为钢筋混凝土圈梁。若墙体采用加气混凝土砌块时，由于砌块受力后容易局部粉碎分裂，导致锚栓固定不牢，甚至脱落，存在立式风阀跌落的隐患。因此，强调立式风阀四周应为钢筋混凝土圈梁（见图 3-12）。

【案例 11】 地铁车站管线穿越国铁区域的协调

某地铁车站，位于国铁车站下方，与国铁便捷换乘。设计中，将部分管线布置于国铁区域，已投入运营的国铁方不允许地铁方在其范围内随意施工。施工、设计制定了详细的施工计划、精确的时间节点、充分的应急措施后，由业主牵头与国铁方进行多轮沟通，最终施工组织方案得到认可，将地铁施工对国铁影响降到最低。

建议：提醒设计人员，车站与周边建筑物结合设置时，应避免将管线布置于车站范围外（室外给水排水管线除外）。当由于技术问题无法避免管线进入车站范围外的区域时，应尽早与穿越区域的业主取得联系，制定好施工组织计划，减小相互的影响，在得到对方认可后方可施工。招标时，应明确指出部分区域需进入他人区域施工，并考虑相应的措施费。此外，设计阶段应考虑对进入车站范围外区域管线的维护措施。

3.3 配合施工常见案例分析

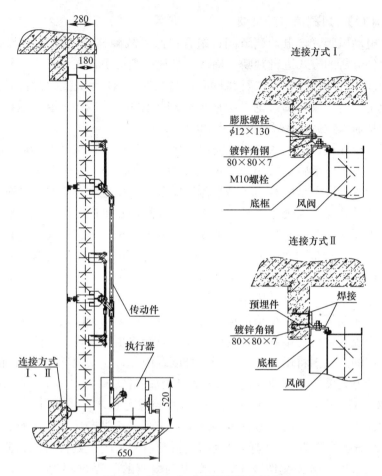

图 3-12（a） 立式风阀安装大样图

图 3-12（b） 立式风阀安装实景图

【案例12】 风阀信号的反馈

（1）电动风阀（含电动调节阀、组合风阀）故障信息一般采用 BAS 或环控柜通过软件分析的方式进行判断、确认。某地铁工程中，在设计接口谈判时未明确 BAS 或环控柜获取风阀故障信息的接口协议，风阀无法上报故障信息，有悖于规范规定。经会议协调讨论，增加风阀现场控制器向 BAS 上报故障信息，涉及专业包括通风空调、BAS、低压配电。

建议：设计接口的确认内容应完整，满足各种设备、附件的功能监控需求。

（2）防火阀感烟感温关闭或熔断关闭时，应向 FAS 系统反馈信号。但手动关闭防火阀时，则不是所有的产品都能反馈信号，规范中对手动关闭防火阀是否需要反馈信号并无明确规定。某工程中，防火阀为乙供产品，产品招标技术要求书中对防火阀手动关闭时是否反馈关闭信号未做要求。施工单位采购的产品恰好无手动关闭时反馈信号的功能。使用该类型防火阀并不违反规范，但给运营维护、调试检修带来不便。如系统调试时无意中关闭了某些安装位置较隐蔽的防火阀，系统并不报警，给调试工作带来了不必要的麻烦。若主管防火阀关闭，则开机调试时可能损坏风管；在正常运营时，运营人员手动关闭防火阀时，可能忘记复位，对系统正常运行不利，且发现问题后只能逐个排查，尤其在吊顶内、管线密集处安装的防火阀将增加排查工作的难度。因此，建议地铁车站内所有防火阀不论以何种方式关闭，都应能向 FAS 反馈状态信息。

【案例13】 电动风阀执行机构动作时间的规定

某地铁工程，招标技术文件中要求电动风阀（乙供产品）的全行程时间不大于 20s，BAS 系统根据规定时间内风阀是否开启（关闭）到位判断故障与否。部分施工单位未执行招标文件要求，采购电动风阀的行程时间为 120s，BAS 显示风阀处于故障状态。

《地铁设计规范》GB 50157—2013 第 28.4.18 条要求：在事故工况下参与运转的设备，从静止状态转换为事故工况状态所需的时间不应超过 30s，从运转状态转换为事故工况状态所需的时间不应超过 60s。如果设备、阀门状态转换耗时过长，将影响消防救援。

建议：该案例给设计人员提供一个判断问题的思路：当 BAS 频繁报警时，注意检查选用阀门的行程时间是否满足设计要求。在招标文件中亦应注意明确所有设备的运行状态转换时间上限，包括隧道风机、排热风机、排烟风机、各类电动风阀等，且注意相关联设备的转换时间要求是否匹配。

【案例14】 中板孔洞四周结构梁的要求

各专业根据实际需要会在中板上要求开孔，结构专业一般会在孔洞周边设置梁，该梁可能会突出板面，影响本专业管线。下面以实例描述：

如图 3-13 所示，阴影部分为轨顶风道，虚线表示梁。楼扶梯开孔周围的横梁侵占轨顶风道过风面积,使风速超标,对轨顶风道过风不利,甚至可能截断风道。本专业应建议结构专业在此处设置暗梁,当暗梁不满足结构计算时,也应采取措施尽量减小梁的高度。

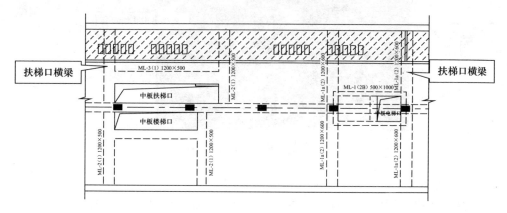

图 3-13　中板开孔横梁与轨顶风道相互关系示意图

图 3-14 为楼扶梯口部圈梁下凸高度与轨顶风道的相互关系。从该图可以看出,在轨顶风道范围的梁高有明显减小,可减少梁高对轨顶风道过风的影响。

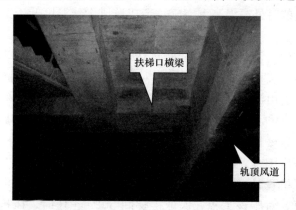

图 3-14　楼扶梯开孔处横梁与轨顶排热风道

部分车站根据盾构施工工筹在中板设置了盾构吊出孔,该孔面积较大,结构专业会在孔边设置大尺寸的加固梁,隧道施工完毕盾构机吊出后将孔封闭,但孔周边的部分加固梁并不凿除,若加固梁为下翻梁,则应注意梁是否与轨顶风道冲突,如图 3-15 所示;若加固梁为上翻梁,则应注意是否与站厅层布置的设备冲突。

根据已建车站经验,土建施工单位一般不会凿除贴车站外轮廓的横向加固梁,因此布置于风道内的隧道风机、风阀、消声器等不宜靠近外墙,以防止端头横向加固梁影响设备安装。

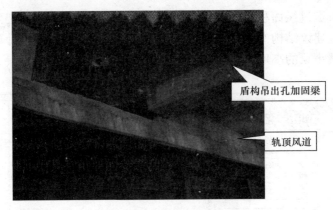

图 3-15　正在凿除中的盾构井横向加固梁

【案例 15】 地上变电所自然进风口结露问题

某车辆段的变电所设置机械通风系统，同时辅以冷风降温系统，冷风降温采用多联机空调。变电所通风设计采用机械排风、自然进风的做法，在外墙上设置大面积百叶作为自然引风口。运营后发现，夏季采用多联机空调制冷时，空调送风口结露滴水现象严重，影响了变电设备的安全运行。分析结露原因为通过自然进风口渗入大量的室外高温高湿空气，造成送风干球温度低于室内露点温度而发生空调风口结露。

设计建议：后续设计中宜尽量使自然进风口远离空调风口，并设置电动风阀，该电动风阀与温控风机同开同关，对于不设置 BAS 的车辆段（停车场）建议该联锁控制功能由温控风机自带的 PLC 控制箱实现。

【案例 16】 楼梯间加压送风风压过大，影响疏散门开启问题

某地铁车站，楼梯间设加压送风系统，调试时发现加压风机开启后由前室通向楼梯间的门开启困难。原因有两点：

（1）加压风机设计选型风压过大，到场设备的实际风压可能比设计值还要大。经反复核算，对于该工程，保证楼梯间 50Pa 正压时，风机全压达到 220Pa 即可，而实际风机全压为 500Pa。

（2）防烟楼梯间与前室、前室与外部之间的隔墙上未设置余压阀，造成楼梯间正压过大。

建议：防烟楼梯间、前室正压过大，会使疏散门开启困难，影响人员疏散，提醒设计人员应实事求是地进行风管水力计算。

【案例 17】 通风空调系统风量平衡问题

系统管路较长、分支较多时，远端无送风是国内通风空调系统常见问题，地铁工程中也较常见，为解决这一问题，提出如下建议：

（1）设计过程中，应合理划分送风区域，风管尺寸的选择应尽量使各支路间

自然平衡，必要时设置手动调节阀，各种管件如三通、弯头、变径的组合顺序应尽量减小阻力，具体可详见《实用供热空调设计手册》中"通风管道"章节。布置风管完成后，应进行实事求是、详细的水力计算。

（2）施工过程中，风管的材质、风管及管件的制作工艺、风阀的安装位置都应该严格按照规范和设计要求执行。设计者配合施工时，应注意施工单位是否按图施工，各种局部阻力管件是否按照规范制作。在以往的项目中，常发现Y形三通做成直角三通、带导流片的直角弯头做成圆弧弯头、阀门紧贴着阻力件安装、弯头内弧采用直角等问题，对于风管，局部阻力占总阻力的比重较大。以上错误的做法都会增大系统总阻力，最终结果导致风送不到远端。

（3）系统调试时，应严格按照相关规范要求进行，不应只检测干管总风量，各支路末端的风量均应调整至接近设计值，避免出现近端房间送风较多，远端无风的现象。

【案例 18】 空调水系统补水耗时长的问题

某地铁车站空调水系统调试，对空调冷冻水管道充水。发现在给水水量和水压均满足要求的条件下，经过72h仍未将系统补满。

经现场排查发现主要有两个方面原因：

（1）管道内空气无法排出，经检查发现由以下原因导致：

1）部分自动排气阀所带的截止阀被关闭。

2）部分自动排气阀无法有效自动排气，需要手动排气。

3）某些管道最高点，未设自动排气阀。

（2）补水管管径设置偏小。

建议处理措施：

1）自动排气阀应采用高质量的产品，并在招标文件中约束相关技术参数。

2）在冷冻水的总管上设置快速补水管。

【案例 19】 隧道洞口活塞风风压的控制

国内多数地铁运行线路设计最高时速一般为80km/h，空气压力总的变化值和变化速率对地铁内人员舒适性影响不大，但当地铁行车速度较高或列车高速运行通过断面突变或高速进出隧道洞口时，会引起较大的压力变化。在地铁设计中常常忽视了上述几种情况隧道内压力的控制。

根据对多条地铁线路的实测和模拟计算，当列车以80km/h的高速进入隧道洞口时，最大压力变化值可达1200Pa，超出了《地铁设计规范》GB 50157—2013第13.2.7条关于压力变化值的规定。对于这种情况，仅依靠隧道通风系统自身无法实现对于隧道内压力的控制，可采用增大隧道断面、在隧道的进口和出口增设通气孔、在两条隧道间增加连通道或在适当的位置增设通风井等措施解决。

在实际工程中，应对隧道洞口、中间风井、断面突变处的压力变化情况进行模拟计算，针对压力超标情况，应与隧道、建筑和结构专业共同研究，确定合适的空气压力缓解措施。

【案例20】 管道保温层、防潮层、保护层的设置

某工程多联机空调系统冷媒管保温施工中，在保温材料（复合硅酸镁管壳）施工后直接外包保护层，遗漏了防潮层的施工，不满足《通风与空调工程施工质量验收规范》GB 50243 和《多联机空调系统工程技术规程》JGJ—174的要求。

根据《通风与空调工程施工质量验收规范》GB 50243—2002 第10.2.4条，输送介质温度低于周围空气露点温度的管道，当采用非闭孔性绝热材料时，隔汽层（防潮层）必须完整，且封闭良好。《多联机空调系统工程技术规程》JGJ—174—2010 第3.5.2-3.5.4条要求设置防潮层。

建议：该工程中采用的复合硅酸镁管壳属于非闭孔性绝热材料，外面应包覆不燃性玻璃布复合铝箔防潮层。在此提醒设计人员在配合施工时应注意防潮层是否安装到位。

此外一个不可忽视的问题：地铁站内空气湿度大（尤其在南方地区），施工安装通风措施不到位，金属管道表面经常会有大量的凝结水，而保温多为非闭孔材料，易吸水，吸水后保温性能急剧下降。因此应要求施工单位在保温工程实施前，必须首先清理管道上的冷凝水。

【案例21】 冷凝水的排放

某城市地铁车站，地下一层为站台层，地面一层为站厅层。站厅公共区设置64台卡式风机盘管（带冷凝水提升泵），作为夏季空调处理末端。由于站厅面积较大，所有风机盘管的冷凝水要求集中一处排放到卫生间，冷凝排水主管最长达到120m。在空调季节调试中，当风机盘管部分开启、部分关闭或风机盘管全部关闭时，大范围内出现虹吸致使冷凝水回流到被关闭风机盘管的凝结水盘中，并从凝水盘溢流的现象。

原因分析：

（1）根据现场观察，冷凝水排水主管的坡度不满足设计最小坡度0.3%的要求，局部为满足吊顶净高要求，出现平坡和反坡现象。

（2）由于冷凝水水管较长，整个管段上未设置通气口，管道内的空气不能及时排除，影响排水能力。

（3）风机盘管部分开启、部分关闭时，由于风机盘管冷凝水支管与主管坡度不足，主管上的冷凝水被运行中的凝水提升泵的压力压回处于停机状态的盘管中，造成停机盘管的凝结水盘溢流现象。

（4）风机盘管凝水提升泵出口未设置止回措施。

3.3 配合施工常见案例分析

处理措施：

(1) 提高冷凝干管起点的高度，保证干管坡度不小于 0.5％。

(2) 在冷凝水排水干管上每隔 30m 设置通气立管和通气口，通气立管高度应保证冷凝水不从通气口溢流。

(3) 在每台卡式风机盘管的冷凝水管排水口处设置"几"字形排水弯头，并在弯头最高处设置透气孔，起到防回流的作用。"几"字形排水弯高度 A 应小于冷凝水提升泵提升高度，透气孔的高度应大于冷凝水提升泵的提升高度，详细做法如图 3-16 所示。

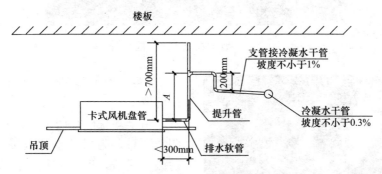

图 3-16　冷凝水支管防回流措施大样图

注：A 为最大提升高度，由厂家提供，其他要求参图集 07K506。

此外，在冷凝水排放设计中应注意以下几个问题：

(1) 综合支吊架上冷凝水管坡度的保证问题。因综合支吊架横杆安装高度相同，可以采用调整冷凝水水管安装套环与横杆之间连接固定件的高度来实现冷凝水坡度的保证。

(2) 根据《民用建筑供暖通风与空气调节设计规范》GB 50736—2012 第 8.5.23 条要求，冷凝水水平干管始端应设扫除口，冷凝水不得与雨水系统直接连接。

【案例 22】 人防段后开孔处理

风管、水管、冷水机组冷媒释放管等穿越人防段时应预埋人防密闭套管，人防密闭套管应满足人防抗爆波压力要求。

配合施工中发现，存在管线从人防门范围内穿过，影响平时人防门的调试、检验要求（人防门每年有开闭一次的检查），如图 3-17 所示。

当土建施工后增加管线穿越人防段要求时，应首先向人防设计专业提出人防段后开孔的需求，人防设计专业根据孔洞的大小和性质提供详细的处理措施，并报人防办批准后实施。

建议在设计中按一定的富余量提供预埋人防段穿孔量，方便新增管线穿越。同时，预留的套管间距应满足防护闸阀的安装和操作空间。

图 3-17 管道穿越人防门框案例

图 3-18 设置在排风道内的多联机空调系统室外机组

【案例 23】 多联机空调系统室外机的清洗

由于多联机空调系统长时间运行，积灰严重，为保证空调效果，在使用一段时间后，运营使用部门需要对空调的冷凝器进行清洗。因此，对于设置在室外屋顶、风道内的多联机空调系统室外机宜设置给水点，室外机设置在风道的，在风道内应考虑排水措施。

【案例 24】 非同期实施的换乘车站的设备安装、预留

某非同期实施的换乘车站，设备分期采购安装，在后期设备安装中发现部分站点存在大型设备无运输路径的现象。由于前期车站已投入运营，若利用前期车站作运输路径，则存在运营天窗时间与施工进度的矛盾。

措施与建议：换乘车站共用空调机房，但设备分期采购的情况下，设计应为后期线路使用的设备包括隧道风机、排热风机、组合风阀、柜式空调器、回排风机等考虑可靠、可行的运输、吊装路径。

一般情况下，前期线路运营后，设备的更换、吊装、运输采用轨道车运输，然后通过吊装孔吊至设备层。即使在前期设计时考虑了设备的运输路径，后期实施也必然会出现拆除墙体、设备和管线的可能。通风空调专业设备投资相对于车站整体所占比例较小，但后期安装对运营的影响很大，而且随着时间的推移，设备价格、人工费用逐年上升，综合考虑分期实施的成本不低，故建议同台换乘车

3.3 配合施工常见案例分析

站设备同期安装,并提出对后期使用设备的成品保护措施。对于十字换乘的车站,设备可以考虑分期实施,并尽可能预装好穿越前期车站的管线(主要指空调冷冻水管)。

【案例 25】 单端设置活塞风的问题

某地铁站与国铁火车站合建,地铁车站为两线双岛同台平行换乘站,车站沿东西向布置,国铁火车站股道南北向布置,地铁车站位于国铁股道正下方,夹在国铁东西地下广场中间。由于该国铁站房规模大、股道数量多,地铁车站只有大里程端有条件设置活塞风井,如图 3-19 所示,1、3 号风亭为 1、4 号线活塞风亭及车站新、排风亭,2 号风亭为车站新排风亭。经过多轮协调及模拟计算,最终确定了该地铁站采用单端双活塞风井的布置方案,排热风系统单端布置。在运营初期地铁车站运营正常,但随着行车密度逐渐加大,出现了该站小里程端个别屏蔽门无法关闭的现象。

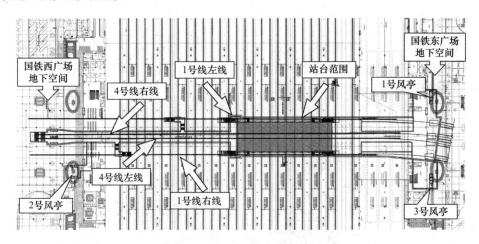

图 3-19 车站平面布置总图

问题分析:本站(命名为 B 站)与上一个车站(命名为 A 站)(指小里程方向)车站中心里程间距约 2.2km,在区间中部设置了区间事故风井(命名为 C 井),如图 3-20 所示。经反复观察屏蔽门无法关闭的规律发现:屏蔽门无法关闭均出现在 AB 区间有列车经过 C 井,且 B 站站台仍有列车尚未开出时。经实际测量,B 站小里程端的前两扇屏蔽门处的最大瞬时风速可达 12.5m/s,风压施加在屏蔽门上的力转化为屏蔽门导轨与导轮之间的摩擦力,导致关门所需力矩超过屏蔽门电机的扭矩。出现此问题的直接原因是小里程端没有活塞风井,列车驶入车站前不能实现及时的泄压。

措施与建议:解决问题的思路为找到释放活塞风压的路径。由于该站已经运营,不可能再新增活塞风井,考虑本站为双岛两线换乘站,1 号线为近期线路,4 号线为远期线路,1 号线线路位于两侧股道,4 号线线路位于中间两个股道,

119

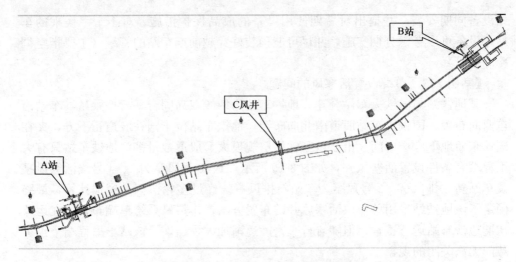

图 3-20　A~B 区间线路平面图

考虑将车站小里程端的四条股道之间的隔墙部分拆除，在每处隔墙上加设面积 $20m^2$ 的组合式风阀，组合风阀平时开启，火灾时关闭，形成 4 条线路互通的迂回风道，改造示意图如图 3-21 所示。

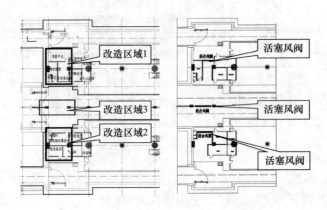

图 3-21　B 站迂回风道改造示意图

【案例 26】　列车活塞风风压的对行车安全的影响

在地铁正常运营期间，车站轨行区侧的隔墙、设备管线及其支吊架均承受着活塞风压的作用。在国内已经投入运营的线路中出现如区间防火门脱落导致列车脱轨和人员伤亡的事故、轨行区旁设备区走道上支吊架一边锚栓脱落，管线歪斜的情况、轨行区旁设备区走道上方管线晃动厉害的现象，存在极大的安全隐患。

为保证地铁的运行安全，设计中应充分考虑各种行车组织下列车活塞风风压对轨行区隔墙、设备和管线及其支吊架的影响,并按最大影响进行校核。隧道通风系统设计专业应向土建、设备管线各专业提供区间隧道风压资料。

某城市地铁线路全线活塞风压资料计算结果:

(1) 对于非隧道洞口车站、区间

以行车牵引计算结果为基础输入资料,根据牵引计算结果在距车站中心里程100m、200m、300m时,列车速度分别为53km/h、68km/h、78km/h,对应风压结果如下:

1) 对于距车站中心里程300m及以外(列车时速为78km/h)的区间隔墙和设备应能承受活塞风的频繁冲击,承压能力要求如下:

单面受力(隔墙或设备只承受一条线的活塞风压)时,承压波动范围为-400~+600Pa;

双面受力(隔墙或设备同时承受两条线的活塞风压)时,承压波动范围为-1000~+1000Pa;

2) 对于距车站中心里程200m(列车时速为68km/h)的区间隔墙和设备应能承受活塞风的频繁冲击,承压能力要求如下:

单面受力(隔墙或设备只承受一条线的活塞风压)时,承压波动范围为-300~+500Pa;

双面受力(隔墙或设备同时承受两条线的活塞风压)时,承压波动范围为-800~+800Pa;

3) 对于距车站中心里程100m(列车时速为53km/h)的区间隔墙和设备应能承受活塞风的频繁冲击,承压能力要求如下:

单面受力(隔墙或设备只承受一条线的活塞风压)时,承压波动范围为-250~+400Pa;

双面受力(隔墙或设备同时承受两条线的活塞风压)时,承压波动范围为-600~+600Pa;

4) 对于其他位置处的隔墙和设备承压可按插值法计算。

(2) 对于隧道洞口区间和靠近洞口的第一个车站

区间隔墙、区间射流风机处的导流墙、联络通道防火门、车站站台靠轨行区的墙体和设备等应能承受活塞风和风机风压的频繁冲击,承压能力如下:

单面受力时,承压波动范围为-1000~+2000Pa;

双面受力时,承压波动范围为-3000~+3000Pa。

设计建议:

(1) 设计中应充分考虑特殊情况下列车过站运行时活塞风风压的作用。

(2) 宜采用双端设置活塞风道方案,避免采用单端设置活塞风道(如案例26所述)。各车站内活塞风道的布置应力求长度短、弯头少。

(3) 车站轨行区旁的管线安装应加大防晃支吊架的设置密度，必要时建议采用综合支吊架。

(4) 紧靠轨行区布置的墙体、设备及阀门，设计应考虑必要的加固措施。

【案例 27】 不同施工单位之间施工界面的协调

作为全线机电负责人、各车站施工配合负责人，应对车站的施工分界面的划分情况非常了解。施工标段的划分一般由业主规定分包，机电专业负责人根据施工标段的组成编制招标技术文件、提供对应的招标清单和图纸。配合施工人员掌握施工分界面的划分，进行有针对性的施工技术交底、施工配合和监督等。

如集成冷站施工单位与机电施工单位在冷水机房的施工界面问题：

集成冷站的引入，减少了冷水机房设备与相关专业间的接口，保证了冷源系统控制的独立完整性，减少了联调协调工作量。但在冷站与机电安装施工分界面上出现了以下问题：

(1) 集成冷站承包商的经验不足，对地铁的房间装修程序了解不够，与机电安装承包单位没有协调。冷站承包商先施工设备基础，将设备模块直接放置在结构毛坯层上。后期车站机电安装单位进行机房地坪和设备排水沟施工后，出现室内地面排水沟高出钢基础，使得整个设备钢基础浸泡在积水中的现象。

处理方式：在设备基础范围内灌注水泥沙浆，将整个钢基础平台用水泥沙浆包裹起来避免积水对钢材的腐蚀。

(2) 根据标书要求，空调管道系统中，集成冷站承包商与机电安装单位的施工分界为集成冷站隔墙外 1.0m。集成冷站承包商在二次优化设计中改变了分、集水器各支管出房间的相应顺序，但未告知设计和机电安装相关单位，造成机电安装单位进行收口时发现空调冷冻水管道顺序发生错位。机电安装单位未征求设计意见即采用如图 3-22 所示的错接方式，增加了管道阻力，降低了工程质量。

处理方式：通过权衡双方整改的难易程度，若由集成冷站承包商更改顺序，则需要重新制作分、集水器；若由机电安装单位整改，调整其中 5 根管道顺序即可，相比图中转换方式还可以节省较多弯头。综合考虑，建议由机电安装单位进行整改、收口。

设计建议：

(1) 当可能发生施工交叉时，设计施工交底需明确施工先后顺序。

(2) 因集成冷站承包商可能对机房内设备和管线布置进行二次优化，设备定位尺寸可能发生改变，因此建议业主在后续线路招

图 3-22 机房管线与外部管线错位实景图

3.3 配合施工常见案例分析

标中，调整施工范围，将冷水机房的土建地坪施工改由集成冷站承包商完成。

(3) 对于集成商负责完成的二次深化设计图纸，应作为正式图纸，并交施工监理、机电安装单位（若需要）、设计进行图纸会审，及早发现问题并解决。

【案例28】 冷水机组配置问题

地铁车站的冷水机组一般根据大、小系统的总冷负荷，设置两台制冷量相同的冷水机组，但是对于分期实施的同台换乘车站，该原则不适用。同台换乘车站在运营初期只有部分设备房间启用，如变电所、通信、信号房间，只有设计值一半的冷负荷，夜间时设备负载低，发热量更小。如果使用两台相同制冷量的冷水机组，夜间有可能出现冷负荷太小致使冷水机组停机的现象。如某站大系统负荷为989kW，小系统总负荷为738kW，原设计采用两台949kW的冷水机组（根据中标厂家提供的型号选择最接近值），调节范围为25%～100%，当后期线路未开通时，小系统计算负荷为500kW，夜间大系统关闭且设备低负载时有可能导致冷水机组停机保护。

措施与建议：该工程施工时增加一台制冷量较小的冷水机组，额定制冷量约等于运营初期的小系统冷负荷，大小系统的水系统运行独立，必要时可互通。当白天运营高峰冷负荷较大时，关闭小冷水机组，全部冷负荷由两台大冷水机组承担，特殊时段两台大冷水机组仍能力不足或其中一台发生故障时，可开启较小冷水机组作为备用冷源。夜间低冷负荷时，关闭大冷水机组，开启小冷水机组，为继续运行的设备房间提供冷量。类似的工程中也有设置3台制冷量相同的冷水机组方案，目的都是为了保证夜间低负荷时系统仍能正常运转。目前越来越多的地铁线路引入了多联机空调作为重要设备房间及人员房间的备用冷源（热源），对于该案例，也可维持原来的冷机配置方案，为夜间需使用的房间设置多联机空调系统，夜间冷机出力降低到阈值时，自动关闭冷机同时自动开启多联机空调系统，此过程可由BAS执行，也可由各房间内的温控面板控制多联机启动。

【案例29】 管线穿楼梯

防烟楼梯间加压送风口的布置没有考虑楼梯折回数的影响，出现风口与楼梯踏步或楼梯转折平台冲突的情况。图3-23为调整送风管和风口标高后的实景图。

提醒设计人员，当管线穿越楼梯间时，应结合楼梯间的大样图进行标高定位。

【案例30】 带有交叉渡线的车站，顶装的设备、管线与接触网冲突

采用集成闭式系统的地铁车站，

图3-23 楼梯间加压送风口与楼梯转折平台

站台大系统送风风管过轨处，由于风管长边较长，接触网无法进行固定安装。同时采用顶部安装的射流风机与接触网距离太近，如图3-24所示。

因此，通风空调设计应加强和接触网专业的设计配合，在送风管跨越交叉渡线处应设置土建风道，并做好保温。射流风机建议采用壁龛式安装（见图3-25），当采用顶部安装时应绘制反映接触网等关键因素的大样图。

图3-24 射流风机紧邻接触网的安装图

图3-25 射流风机壁龛式安装图

【案例31】 屏蔽门端梁对管线布置的影响

某城市地铁线路，屏蔽门端梁的高度总体要求为200mm高，梁底标高距公共区装修完成面3.0m。但由于不同车站工点，梁高设计200～500mm不等，梁底标高3.0～3.3m不等，而此处管线过梁处的设计底标高一般按3.20m控制。

图3-26所示为屏蔽门端梁与风管标高冲突的案例，图3-27所示为该处屏蔽门端梁高度达500mm的案例。

图3-26 屏蔽门端梁高度与风管标高冲突实景图

图3-27 屏蔽门端梁高度 $h=500mm$

【案例32】 轴向型波纹管补偿定支架的设置

配合施工时发现，在波纹管补偿器施工中，绝大多数施工单位未按要求设置固定支架和导向支架，无法起到补偿器对管道补偿的作用，现场安装情况如图3-28

3.3 配合施工常见案例分析

所示。

提醒设计和配合施工时注意：

（1）对带导流筒的补偿器，应注意使补偿器的介质流向标记（箭头）与系统介质流向一致。

（2）应要求施工单位在安装过程中清除内外波纹间的异物，防止波纹部分的磕碰、划伤、凹痕等机械损伤。

图 3-28 轴向补偿器现场安装图

（3）除设计要求的预变形量外，严禁用补偿器变形的办法来调整管道端面平行度与侧向偏移，要用调整管道系统的方法来适应补偿器。

（4）应检查管系安装完毕后，是否已完成拧松补偿器上的运输固件拉杆螺母（需根据实补偿量确定）。

（5）补偿器所有的活动元件，不得被外部机构件卡死或限制其活动范围，应保证各活动部位正常工作。对于需要保温的补偿器，应给补偿器装外护套，将保温层做在外护套上，不得直接装在波纹管上。轴向型补偿器保温层一端应自由，不得两端固定。

（6）轴向型补偿器安装时一端要靠近固定支架，另一端的第一导向支架距补偿器为 4 倍管道直径，第二个导向支架与第一个导向支架的距离为 14 倍管道直径，如图 3-29 示意。

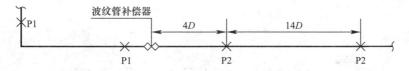

图 3-29 固定支架与导向支架设置示意图

（7）装有补偿器的管系，在固定支架、导向支架等未按设计要求安装完毕之前，不得进行试压。若进行分段试压，应确保补偿器两端的固定支架具有足够的强度，以保证该管段补偿器及管道的安全。

【其他案例】

（1）空调风口布置在电力设备正上方，存在安全隐患。

此问题具有普遍性。由于设备房间内（尤其是弱电房间）其设备布置不稳定，或者设备实际布置与电力专业提供资料不一致，造成设备在空调风口正下方的现象。

因此，建议设计配合施工人员跟踪此类问题，及时发现并改正。

（2）管线布置在吊装孔下方，影响吊装孔功能，如图 3-30 所示。

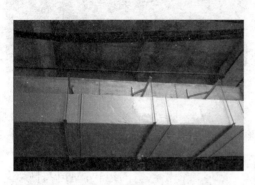 

图 3-30　风管在吊装孔正下方布置图　　图 3-31　风阀安装与车站纵梁冲突实景图

（3）风阀的安装未考虑上部结构梁的影响，如图 3-31 所示。

（4）敞口风亭下设置的风管口部应设置向下 45°防雨弯头。

（5）设计中应严格控制风阀、消声器、变径、弯头、天圆地方等风管各阻力件之间的设置距离，以保障风系统的稳定性，降低管路系统阻力。图 3-32 所示为施工现场风机天圆地方之后紧接着连接直角弯头的现象，增加了构件的阻力，对风路的顺畅不利。

（6）设计配合施工中应及时提醒保证防火阀与隔墙、楼板之间的间距满足规范不大于 200mm 的要求。

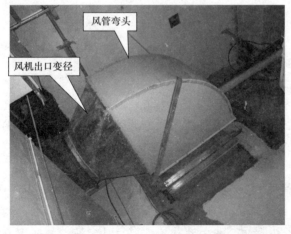 

图 3-32　风机天圆地方之后紧连直角弯头的实景图　　图 3-33　防火阀距楼板间距不满足规范要求案例

（7）组合式空调器出风口连接管及阀门的尺寸宜与设备本体风口尺寸一致。

3.3 配合施工常见案例分析

在设计联络中,设计人员宜对空调器设备进、出风端风口的口径进行校核,要求与设计图纸中的风管、阀门尺寸一致。图 3-34 所示为设备出风口与设计尺寸不一致的案例。该案例中采用设置变径的方法实现阀门与出风口的连接,倘若空调器顶部与静压箱之间距离太短,变径管无法制作,会导致更改阀门和风箱尺寸。同时,采用变径管连接,额外增加了管路系统的阻力。

图 3-34 通过变径实现空调器与静压箱的连接

(8) 管线正下方设备支吊架安装的转换措施。

机房内管线较多,管线上下层布置属于正常现象。当下方设备受上方管线影响难以正常安装支吊架时,可采取如图 3-35 所示的转换措施进行安装。

图 3-35 设备安装支吊架转换措施

(9) 设计配合施工中应对风管制作工艺质量进行把控。

在配合施工中,经常发现风管制作工艺不符合设计要求现象,如:Y 形三通做成直角 T 形三通、圆弧弯头制作成直角弯头、增大乙字弯的角度、风管外支撑做成内支撑等(见图 3-36)。对于不满足工艺要求的风管及附件应不予以验收。

（10）配合施工中应要求施工单位对成品做防尘、防水保护，保证系统闭合后的洁净度（见图 3-37）。

图 3-36　风管制作工艺不满足设计要求案例　　图 3-37　对安装后的设备、管道做防尘保护

（11）管线穿行钢筋混凝土隔墙上时应预留孔洞。

如图 3-38 所示为排风道夹层上部为车站通风空调排风道，夹层下部为排热风道。车站通风空调排风管应接至排风道夹层上部。由图可知，夹层及上部隔墙为钢筋混凝土，隔墙上未预留风管等管线与夹层连接的孔洞，影响安装施工。

（12）排热风机的变频柜不应设置在排风道内。

变频控制柜就近设置于排热风道内风机旁，当排热风机参与火灾排烟时，排风道内高温烟气可能会影响变频控制柜的使用，甚至会烧坏变频控制柜，阻断救援。因此，提醒低压配电设计人员可考虑将变频控制柜设置在旁边的新风道或者环控机房内。

图 3-38　风道夹层上方混凝土墙的设置

第4章 系统调试

在做好设计及配合施工的同时,还应重视系统调试工作。通过整个工程的调试,可以验证设计是否合理、检验工程质量的优劣,对改进工程设计、提高工程安装质量有重要的指导意义。同时通过系统联调,可以使整个系统在节能、高效的状态下运行,同时保证火灾工况下防火救援功能的顺利实现,为最后的各项验收和评审做好充分的准备工作。

地铁通风空调调试一般分单机调试和系统联调,主要对象为车站通风空调系统和隧道通风系统。

4.1 车站大、小系统调试

通风与空调工程安装完毕,必须进行系统的测定和调试。系统调试主要分为设备单机试运转和空调系统无负荷联合运转试验调试。其中"无负荷联合运转试验调试"主要是考核空调系统及空调房间的风量能否满足设计要求。

空调系统调试前,应保证系统范围内的设备及管道安装完毕、防火封堵已实施、风道和机房整洁、排水沟通畅、供电电源正常、调试用的仪器设备准备齐全。

空调系统调试时,应确认风机、风阀等设备的实际工作状态与环控柜、车控室的显示保持一致。

4.1.1 风机的试运转

风机包含通风机和空调机组内送风机,调试时应注意如下几点:
(1) 核对风机、电动机型号、规格是否与设计相符。
(2) 检查风机、电动机的皮带轮的中心是否在一条直线上,螺栓是否拧紧。
(3) 风机叶轮应无卡、碰现象。
(4) 检查电机、风机接线连接的可靠性。
(5) 干管及支管上的手动多叶调节阀应全开。
(6) 风机经一次启动立即停止转动,旋转方向应与机壳上箭头方向一致,气流风向应满足设计要求。
(7) 风机启动时,应用钳形电流表测量电动机的启动电流,待风机正常运转后再测量电动机的运转电流,如运转电流值超过电机额度电流值时,应将总风量调节阀逐渐关小,直到回降到额定电流值。

(8) 风机试运行检查一切正常,再进行连续运转,运转持续时间不少于 2h。

4.1.2 风系统基本技术参数测试方法

1. 风系统基本参数检测仪表性能要求

风系统基本参数检测仪表性能应符合表 4-1 的要求。

风系统基本参数检测仪表性能　　　　表 4-1

序号	测量参数（单位）	检测仪器	仪器准确度
1	送、回风温度（℃）	玻璃水银温度计、热电阻温度计、热电偶温度计等各类温度计（仪）	0.5℃
2	风速（m/s）	风速仪、毕托管和微压计	0.5m/s
3	风量（m³/h）	毕托管和微压计、风速仪、风量罩	5%（测量值）
4	动压、静压（Pa）	毕托管和微压计	1.0Pa
5	大气压力（Pa）	大气压力机	2hPa

2. 送、回风温度的检测

(1) 送、回风温度的测点布置应符合下列规定:

1) 风口送、回风温度检测位置应位于风口表面气流直接触及的位置（包含散流器出口）;

2) 风管内和机组送、回风温度检测位置应位于风管中央或机组预留点。

(2) 送、回风温度可按下列方法进行测量:

1) 根据委托要求和现场的实际情况确定检测状态;

2) 检查系统是否运行稳定;

3) 确定测点的具体位置以及测点的数目;

4) 使用检测仪器设备进行检查。

3. 风管风量、风压和风速的检测

(1) 风管风量、风速和风压测点布置应符合现行行业标准。

(2) 风管风量、风速和风压可按下列步骤及方法进行检测:

1) 检查系统和机组是否正常运行,并调整到检测状态;

2) 确定风量测量的具体位置以及测点的数目和布置方法,测量截面应选择在气流较均匀的直管段上,并距上游局部阻力管件 4~5 倍管径以上（或矩形风管长边尺寸）,距下游局部阻力管件 1.5~2 倍管径以上（或矩形风管长边尺寸）的位置;

3) 依据仪表的操作规程,调整测试用仪表到测量状态;

4) 逐点进行测量,每点宜进行 2 次以上测量;

5）毕托管的直管应垂直管壁，毕托管的测头应正对气流方向并且与风管的轴线平行，测量过程中，应保证毕托管与微压计的连接软管畅通无漏气；

6）记录所测空气温度和当时的大气压力。

4. 数据处理

（1）当采用毕托管和微压计测量时，应按公式计算风量。

（2）当采用热电风速计或数字式风速计测量风量时，断面平均风速为各测点风速测量值的平均值，实测风量和标准风量的计算方法与毕托管和微压计测量计算方法相同。

5. 大气压力的检测

（1）大气压力检测的测点布置应将大气压力测试装置放置于当地测点水平处，保持与测试环境充分接触，并不受外界相关因素干扰。

（2）应在测试环境稳定后，对仪表进行读值。

（3）大气压力检测的数据处理应取 2 次测试值的平均值作为测试结果。

6. 风机单位风量耗功率检测

（1）抽检比例不应少于空调机组总数的 20%，不同风量的空调机组检测数量不应少于 1 台。

（2）风机单位风量耗功率可按下列步骤及方法进行检测：

1）被测风机测试状态稳定后，开始测量；

2）分别对风机的风量和输入功率进行测试；

3）风机的风量应为吸入段风量和压出端风量的平均值，且风机前后的风量之差不应大于 5%。

4.1.3 室内环境基本参数检测

1. 室内基本参数检测仪表

室内基本参数检测仪表性能应符合表 4-2 的要求。

室内环境基本参数检测仪表性能要求　　　　　　　表 4-2

序号	测量参数	单 位	检测仪器	仪表准确度
1	温度	℃	温度计（仪）	0.5℃ 热响应时间不就大于 90s
2	相对湿度	%RH	相对湿度仪	5%RH
3	风速	m/s	网速仪	0.5m/s
4	噪声	dB（A）	声级计	0.5dB（A）
5	静压差	Pa	微压计	1.0Pa

2. 室内环境温度、湿度检测

室内环境温度、湿度可按下列步骤及方法进行检测：

（1）根据设计图纸绘制房间平面图，对各房间进行统一编号；

（2）检查测试仪表是否满足使用要求；

(3) 检查空调系统是否正常运行，对于舒适性空调，系统运行时间不少于 6h；

(4) 根据系统形式和测点布置原则布置测点；

(5) 待系统运行稳定后，依据仪表的操作规程，对各项参数进行检测并记录测试数据；

3. 风口风速检测

(1) 当风口为格栅或网格风口时，可用叶轮式风速仪紧贴风口平面测定风速。

(2) 当风口为条缝形风口或风口气流有偏移时，应临时安装长度为 0.5～1.0m 且断面尺寸与风口相同的短管进行测定。

4. 室内环境噪声检测

(1) 室内环境噪声检测的测点布置应符合下列规定：

1) 当室内面积小于 $50m^2$ 时，测点应位于室内中心且距地 1.1～1.5m 高处或按工艺要求设定，距离操作者 0.5m 左右，距主要反射面不小于 1m；

2) 测量时声压计或传声器可采用手持或固定在脚架上，应使传声器指向被测声源。

(2) 室内环境噪声可按下列检测步骤及方法进行检测：

1) 根据设计图纸绘制房间平面图，对各房间进行统一编号；

2) 检查测试仪表是否满足使用要求；

3) 检查空调系统是否正常运行；

4) 根据测点布置原则布置测点；

5) 关掉所有空调设备，测量背景噪声；

6) 依据仪表的操作规程，测量各测点噪声。

5. 截面网速的检测

(1) 截面网速检测的测点布置应符合下列规定：

1) 对于为检测送风量而进行的单向流风速检测，应在距离过滤器出风面 100～300mm 的截面处进行。对于工作面平均风速的检测应和委托方协商确认工作面的位置，垂直单向流应选择距墙或围护结构内表面大于 0.5m，离地面 0.8m 处的纵断面为第一工作面；

2) 确定测量时间时，为保证检测的可重复性，每点风速检测保证一定的测量时间，可采用一定时间的平均值作为测点的检测值。

(2) 应检查空调系统是否正常，依据仪表的操作规程，测量并记录各测点截面风速。

4.1.4 大、小系统调试案例

【案例 1】 风管变形

某地铁车站，在排烟系统调试时，出现排烟风机吸入端风管严重变形的现象

4.1 车站大、小系统调试

（见图4-1），风机出口端出现大面积裂口的现象；与排烟管路并联的回排风机前后的风管均有不同程度的变形，变形幅度达8~10cm；风管与回风室连接处的防火封堵材料大面积脱落。

原因分析（见图4-2）：

（1）排烟风机吸入端风管材料未按设计要求执行，风管强度达不到要求。

（2）风管耐挤压、抗拉强度不够，风管的制作未按国家标准要求采用外部加固。

图4-1 调试时风管严重变形图

（3）风阀的密闭性能不够，风管连接处漏风严重，当排烟风机开启进行排烟时，一部分回风从排风道经阀门DT-B03→D-B03→回、排风机→土建风室，最

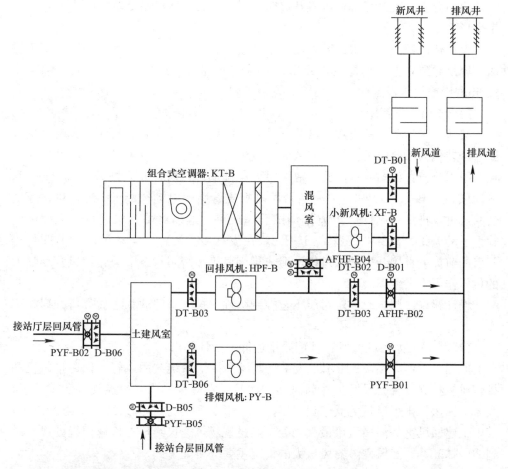

图4-2 系统布置原理图

后经排烟风机排出，回、排风管内受负压的作用变形，回、排风管与风室连接处的防火封堵发生松动并脱落，风管与风室隔墙的间隙也存在大的漏风。

（4）由于风管截面尺寸较大，风管与回风室连接处的孔洞周围未做圈梁，墙体重力直接作用在风管上，也是造成风管变形的原因之一。

整改措施：
（1）风管按照国家标准要求重新制作。
（2）隔墙上孔洞上方做混凝土过梁。
（3）与排烟管路并联的回排风管，采用与排烟风管相同的材质。
（4）将回排风机的联锁风阀 D-B03 移至与回风室连接处安装，减少从回风管吸风的可能。

【案例 2】 某地铁车站系统调试，开启大系统排烟风机时，回风箱被吸扁，变形严重。

原因分析：大系统排烟风机开启时，风压较大，回风箱受负压吸力的作用发生变形。

设计建议：回风箱内回风气流处于紊流状态，回风箱体四周受负压作用不均衡，容易导致受力不均衡发生变形严重或者箱体破裂现象，建议风箱统一采用 2.0mm 厚镀锌钢板制作。

【案例 3】 风管爆裂。

某地铁车站在手动模式调试公共区火灾排烟工况，在完成站厅层火灾排烟调试后，转化为站台层火灾排烟模式时，发生排烟风机入口段风管爆裂现象。

原因分析：如图 4-2 所示，站厅层火灾排烟调试时，开启排烟风机 PY-B 和电动风阀 D-B04、D-B06，关闭站台层排烟支管上的电动风阀 D-B05，对站厅层公共区进行排烟。站厅层火灾排烟试验完成后，继续对站台层进行火灾排烟试验，手动关闭 PY-B 和 D-B04、D-B06，在没有检查站台层电动风阀 D-B05 是否开启的前提下直接开启排烟风机，造成排烟风机在密闭状态下运转，风管在强大的负压作用下发生爆裂。

设计建议：调试时，应对照工艺控制图逐一校核阀门的状态后方可开启相应设备。

【案例 4】 大系统回风、排烟风量远低于设计要求。

原因分析：如图 4-2 所示，大系统回风和排烟系统共用风管，回、排风机和排烟风机独立设置，采用土建回风室，在回风室设有检修门。经现场测试发现，大系统回风、排烟风量远低于设计要求，分析其原因主要为系统风量渗漏点多，其中土建回风室是渗漏风量最大之处。经过现场风速仪测量，检修门缝处风速达到 20~25m/s。回风室渗漏风量大的情况主要分析如下：

（1）土建回风室在检修门的缝隙、检修门锁孔处风量渗漏严重。

4.1 车站大、小系统调试

(2) 土建回风室处检修门的开启方向不正确。一般而言，回风室处于负压状态，门宜外开，当采用内开时，门缝处的渗透风量要比门外开时大很多。

(3) 土建风室处楼板与站台回风管之间的缝隙封堵不严实，渗漏风量大。

(4) 施工时风管弯头增加较多，乙字弯角度偏大，导流叶片未制作或者制作不规范等原因造成施工后管道系统实际的阻力比设计的大，造成系统风量变小。

设计建议：

(1) 土建回风室施工质量难以保证，渗透风量较大，建议尽量不采用土建风室，采用钢板风箱。

(2) 风室、风道的检修门应采用密闭性能好的产品，并根据风压情况确定门的开启方向。

【案例 5】 空调系统送风量不满足设计要求。

原因分析：

(1) 组合式空调器运行中，由于各功能段之间密封不严实，设备与基础之间未进行螺栓固定，造成空调器功能段之间发生移动错位，功能段之间产生缝隙，一部分送风从缝隙中送出。

(2) 风系统检测选取的测点不满足检测标准要求。如图 4-3 所示，现场测点的选择多在紧邻风管弯头、三通、变径等处。由于这些位置气流不稳定，测量的风速变化幅度大，影响测量的准确性。

图 4-3 现场风量检测孔的选取

(3) 空调器内送风机的皮带松紧度没有调节到位，或者皮带质量较差，发生滑动现象。

【案例 6】 车站公共区火灾试验时，小系统设备仍维持运行状态。

原因分析：如第 2.1.8 节所述，通风空调工艺控制图设计中要求：大系统发生火灾时，小系统除加压送风系统保持运行外，其他系统关闭；小系统发生火灾时，大系统所有设备关闭。以上要求没有在控制模式表达，FAS/BAS 无法联动控制。

因此，FAS/BAS 专业只根据控制模式表进行编程，在火灾中需要动作的设备及阀门，都需要在模式控制表中用代码表示出来，不能仅仅采用说明阐述。

第4章 系统调试

图4-4 站厅层公共区防排烟试验现场

【案例7】 车控室加压送风运行时,车控室及走道加压风口的气流中含明显的烟雾。

原因分析:经排查,主要原因有以下4个方面:

(1) 新风道和排风道之间的检修门没有安装,烟气排到排风道后一部分通过检修门洞扩散到新风道中,使新风道充满烟气,新风道内的烟气通过加压送风机送到了车站控制室。

(2) 车站控制室的加压送风系统与走道送风系统合设,当车站控制室加压送风时,走道同时也在送风。

(3) 车站一端混风室处设置了土建夹层,夹层检修孔盖板没有施工,造成混风室与新风道连通,混风室内也充满烟气。

(4) 小系统空调系统,回风管接回风箱处的电动风阀,工艺模式上没有要求关闭,可能造成新、排风道连通。

如图4-5所示,空调器送风端的电动风阀 D-201 为开关型风阀,与空调器联锁,开关状态相同;回排风机回风端的电动风阀 D-202 为开关型风阀,与风机联锁,开关状态相同;DT-201、DT-202、DT-203 为调节型电动风阀,根据空调工况不同控制阀门开度,以控制新、排风比。在工艺控制图中没有要求发生火灾时 DT-201、DT-202、DT-203 的开闭状态,用"/"代替,即默认原始状态不动作。

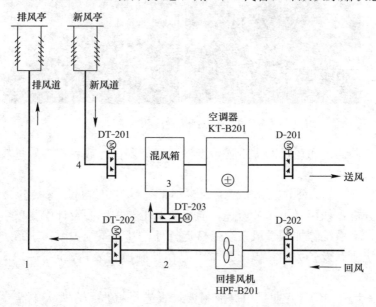

图4-5 小系统设备前后阀门设置示意图

4.1 车站大、小系统调试

当系统处于全通风、全新风工况时,图 4-5 中 DT-203 处于关闭状态,若此时进入火灾工况,则不会造成排风道与新风道连通。

当系统处于小新风工况时,DT-201 与 DT-202 处于小开度状态,DT-203 处于大开度状态。若此时进入火灾工况,由于这三个阀门默认原始状态不动作,于是排入排风道的烟气可以经路径 1-2-3-4 扩散到新风道中,烟气通过加压送风系统再次被送到设备区域。

设计建议:

(1) 新风道与排风道之间,除了必要设置的检修门外,不宜有管线横穿新风道和排风道,以避免封堵不严实或者在火灾工况下因封堵材料差,与风道隔墙处的风管发生变形导致防火封堵材料脱落,新、排风道贯通的现象。当无法避免时,建议排风管穿新风道处设置风道夹层,保证新风道的独立性。

(2) 在控制模式表中对火灾工况下不需要参与火灾救援的设备和阀门均应指定状态(开或关)。

【案例 8】 火灾试验时站台轨行区有明显的烟气漂浮。

原因分析:经排查发现,站厅火灾时,车站轨顶轨底排热风机要求关闭,但是要求与其联锁的组合风阀处于开启状态,没有关闭。烟气排入排风道后,一部分烟气沿"组合风阀→排热风机→排热风室→轨顶轨底风道"的路径扩散到轨行区,造成轨行区烟气弥漫的现象。

另外,经核实,通风空调专业要求排热风机与排热风阀联锁控制,低压配电专业仅做到"开启硬联锁",没有做到"关闭联锁"的功能,即实现风阀开风机开,没有做到风机关风阀关。

解决措施:经协调决定采用 BAS 编程方式(软联锁)实现风机关风阀关的目的,解决上述问题。

【案例 9】 公共区火灾试验,设备房间均有烟气回流现象。

某城市地铁车站公共区火灾试验时,在各模式正确且设备阀门开闭正确的情况下,车控室、设备区各房间均有烟气回流现象。且经过反复多次不同地点、不同控制模式下的火灾试验,均有此现象。

原因分析:为找到烟气回流的原因,试验人员针对控制模式的正确性、阀门实际状态与监控界面的一致性、室外排风亭烟气回流到新风亭的可能性、风道的完整性等可能的原因,派专人驻点进行了观察。逐一分析结果如下:

(1) 工艺设计模式正确,符合火灾控制要求。

(2) 各设备、阀门实际开闭状态与综合监控界面显示一致,不存在设备故障现象。

(3) 排风管穿越新风道连接排风道时,在新风道范围设置了土建风道夹层,不存在排烟管烟气泄露到新风道的可能。

(4) 不存在新风管错连排风道和排风管错连新风道的现象。

(5) 室外无明显风速，烟气从排风亭排出后处于靠热压蔓延的状态，从新风亭回流烟气的可能性不存在。

(6) 风道隔墙上的防火封堵未见明显脱落，无明显的缝隙存在。

(7) 风管连接密封性能较好，漏风量很小，且排烟风管内处于负压状态，从排烟管泄露烟气的可能性不大。

经逐一排查，认为最可能造成串烟的原因为：风阀密闭不够严实，造成烟气通过阀门经风管串到每一个房间。而且试验人员对多条与排风道连接的风管进行测试观察发现：与设备联锁、设置在风道隔墙附近的、火灾时起到管路系统与风道隔绝作用的电动风阀是泄露烟气的直接途径。

该工程电动风阀招标技术要求为：在 2kPa 压差下，单位风阀面积的漏风量均应不大于 $200 m^3/(h·m^2)$，以提高系统运行的可靠性。但实际供货的阀门质量参差不齐，现场也没有专项检测过程，有的产品出厂就没有达到国家标准要求，有的产品在施工现场遭到摔落、挤压等原因，存在阀片歪曲、破损现象，现场安装的阀门通过肉眼观察能看到明显的缝隙。在公共区排烟时，烟气通过阀门缝隙被挤压到排风管中，并沿着排风管通过风口回流到每个房间。

设计建议：

(1) 招标中应严格规定风阀的漏风量，尽可能采用标准较高的产品。

(2) 排风管接排风道应顺着风道气流方向设置导流弯头，防止排烟时，烟气在正压作用下挤压到其他管路系统。

【案例 10】 系统调试时，组合式空调器电流过大。

原因分析：组合式空调器风压设计选型偏大，实际管道阻力小于计算阻力，管道特性曲线偏缓，工作点发生右移，流量增大。

解决方案：通过设置变频器的频率，调整风机的转速，从而实现调节风量的目的。

设计建议：组合式空调器等设备选型时，设计应进行详细、准确的风系统水力计算，以确保风压在合理范围内。

【案例 11】 噪声超标。

调试时，存在公共区、设备区走道、房间和空调机房内噪声超标的现象。

原因分析：

(1) 风机噪声偏大，消声器消声量不足，气流噪声通过管道传输到走道、房间等各个区域。

(2) 风机机壳噪声偏大，且机房内多种噪声发生声压级叠加，噪声增大，通过机房隔墙、通行门传到走道及公共区。

(3) 在机房内安装的吸声墙材质较差，或者施工不规范，吸声材料填充不均匀，影响吸声效果。

设计建议：

（1）风机选型应选择低噪声节能型产品。避免选择转速高、耗功率偏大的产品。

（2）消声器设计布置不宜距离风机过远，避免设备噪声通过风管传播到机房。且消声器布置应按国家标准要求与弯头、阀门等阻力部件保证合适的间距，防止二次噪声的产生。

（3）设计应规定消声器的消声量。同时应要求风机厂家提供详细的八倍频程噪声值，作为消声器厂家二次深化设计的输入资料。

（4）设计应规定设置吸声墙的范围及降噪要求。

4.2 空调水系统调试

4.2.1 水系统基本参数测试方法

1. 水温检测

（1）水温检测的测点布置应尽量布置在靠近被测机组（设备）的进出口处；当被检测系统预留安放温度计位置时，可利用预留位置进行测试。

（2）水温可按下列步骤进行检测：

1）确定检测状态，安装检测仪表；

2）依据仪表的操作规程，调整测试仪表到测量状态；

3）待测试状态稳定后，开始测量；

4）测试过程中，若测试工况发生较大变化，需对测试状态进行调整，重新进行测试。

（3）水温检测的数据处理应将各次测量值的算术平均值作为测试值。

2. 水流量检测

（1）水流量检测的测点布置应设置在设备进口或出口的直管段上；对于超声波流量计，其最佳位置为距上游局部阻力构件10倍管径、距下游局部阻力构件5倍管径之间的管段上。

（2）水流量可按下列步骤进行检测：

1）确定检测状态，安装检测仪表；

2）依据仪表的操作规程，调整测试仪表到测量状态；

3）待测试状态稳定后，开始测量，测量时间宜取10min。

（3）水流量检测的数据处理应取各次测量的算术平均值作为测试值。

3. 压力检测

（1）压力检测的测点布置应在系统原有压力表安装位置。

1）确定检测状态，拆卸系统原有压力表，安装已标定或校准过的压力表；

2) 依据仪表的操作规程，调整测试仪表到测试状态；

3) 待测试状态稳定后，开始测量。

(2) 压力检测的数据处理应取各次测量的算数平均值作为测试值。

4. 电器参数和其他参数

(1) 电流检测应符合下列规定：

1) 电流检测的测点布置应根据测试需求，确定被测电流的位置；

2) 应检测测试状态是否正常，并依据仪表的操作规程，进行测量；

3) 电流检测的数据处理应待被测电流稳定后，记录读值。

(2) 电压检测应符合下列规定：

1) 电压检测的测点布置应根据测试要求，确定被测电压的位置；

2) 应检测测试状态是否正常，并依据仪表的操作规程进行测量；

3) 电压检测的数据处理应待被测电压稳定后，进行记录读值，取三相电压的算术平均值。

(3) 转速检测应符合下列规定：

1) 转速检测的测点布置应根据测试要求，确定被测的位置；

2) 应检测测试状态是否正常，并依据仪表的操作规程进行测量；

3) 转速检测的数据处理应直接测量机组主轴转速，在同一试验条件下测量3次，取平均值。

(4) 功率检测应符合下列规定：

1) 功率检测的测点布置应根据测试需求确定被测位置，电机输入功率检测应按现行国家标准《三相异步电动机试验方法》GB/T 1032 进行；

2) 功率检测宜优先采用两表法测量；

3) 当功率检测的数据处理采用两表法测量时，输入功率应为两表测试功率之和。

5. 冷水机组性能系数检测

(1) 应在被测机组测试状态稳定后，开始测量冷水机组的冷量，并同时测量冷水机组耗功率。

(2) 应每隔 5～10min 读一次数，连续测量 60min，取每次读数的平均值作为测试的测定值。

(3) 冷水机组的校核试验热平衡率偏差不大于 15%。

4.2.2 空调冷冻（却）水系统试运转

1. 管道清洗

在进行水泵的试运转之前，必须进行管道的清洗工作，以免铁锈、焊渣及施工杂物沉积在管道内，水泵运转时堵塞在冷水机组或空调末端设备的管道内，甚至破坏管道。

4.2 空调水系统调试

(1) 空调冷冻水系统的清洗

冷冻水系统的管路长且复杂，系统内的清洁度要求高，因此，在管道清洗时要求严格认真。

清洗工作应在冷冻水泵不运转的情况下进行。清洗前必须先关掉冷水机组、空调器、风机盘管等空调系统设备的供、回水阀门，并保证所有排污阀均处于关闭状态，开启旁通阀，使清洗过程中管内的杂质通过旁通阀排出管外。冷冻水系统的清洗工作，属封闭式的循环清洗，每1～2h排水一次，反复2～3次，直至水质洁净为止。

最后开启冷水机组蒸发器、空调器和风机盘管的进水阀，关闭旁通阀，进行冷冻水系统管路的充水工作。由于整个系统是封闭的，在充水时要注意管内气体的排放工作，在系统的各个最高点安装自动排气阀进行排气，如果管内的气体排放不干净，将直接影响制冷效果。在充水过程中应派人员加紧对管道系统进行检查，以避免系统漏水，造成严重后果。

(2) 空调冷却水系统的清洗

首先关闭冷水机组冷凝器进、出水管阀门，水泵进、出水管阀门以及排污阀，打开冷却塔回水管上的各个阀门。由于供水管不能利用冷却塔的补水系统充水，故用一条水管连通供、回水管，打开补给水管上的闸阀对整个系统充水，待系统充满水后，关闭补水阀，打开冷却水管的排污阀进行放水、排污。待放完水后，将冷凝器进、出水管阀门及冷凝器两端的排污阀打开，排除立管内的污水。关掉上述阀门，拆开冷却水泵进水管的Y形过滤器，抽出滤网清洗，重新安装好，再次打开补水阀充水，重复上述步骤2～3次，直到排出的水清洁无杂质为止。

2. 空调水泵的试运转（包括冷却、冷冻泵）

(1) 准备工作

1) 水泵和附件应安装齐全。

2) 水泵各螺丝紧固连接部位不能松动。

3) 叶轮应轻便灵活、正常，不得有卡碰等异常现象。

4) 轴承应加注润滑油脂，所用的润滑油脂规格、数量应符合设备技术文件的规定。

5) 水泵与附属管路系统阀门的启闭状态，经检查和调整后应符合设计要求。

6) 水泵运转前应将入口阀门全开，出口阀门全闭，待水泵启动后再将出口阀门打开。

(2) 水泵的运转

水泵应经一次启动立即停止运转，检查叶轮与泵壳有无摩擦和其他不正常声音，并观察水泵的旋转方向是否正确。水泵启动时，应测量电动机的启动电流，待水泵正常运转后再测量电动机的运转电流，并注意与启动柜上的电流表数值进行对比。调节水泵出口阀门的开度，保证电动机的运转功率或电流不超过额定范围。水泵在运转过程中应仔细倾听轴承内有无杂声,以判断轴承运转状态。读取水泵进出口压力显示值,在额定流量情况下应与水泵扬程相符,若不在额定流量下运行,应对照水泵运行曲线,校核水泵扬程。

水泵运转正常后进行不少于 2h 的连续运转,若发现无问题,即水泵单机试运转合格。若运转中出现异常,应立即停泵,找出原因,排除故障。

3. 冷水机组试运转

冷水机组试运转工作一般由供货商派技术人员进行,机电安装单位仅需做相应的配合工作。

4. 冷却塔的试运转

冷却塔试运转时,应检查风机的运转状态和冷却水循环系统的工作状态,如无异常现象,连续运转时间应不少于 2h,运行中应检查下列内容:

(1)检查并联的冷却塔之间的喷水量和吸水量是否平衡,检查补给水和集水盘的水位等运行状态。

(2)测定风机的电动机启动电流和运转电流,并控制运转电流在允许的范围内。

(3)测定风机轴承的温度。

(4)检查喷水的偏流状态。测定冷却塔出、入口水温。

5. 冷冻(却)水系统各有关设备的开机顺序

开机顺序:开冷却塔电动蝶阀和风机→开冷却水泵→开冷冻水泵→开冷水机组电动蝶阀→开冷水机组;

关机顺序:关冷水机组→关冷却水泵→关冷却塔电动蝶阀和风机→关闭冷冻水泵→关冷水机组电动蝶阀。

4.2.3 空调集控系统的调试

冷站集控系统的调试一般由厂家执行,机电安装单位配合。冷站集控调试一般含温度信号调试、压差(压力)信号调试、流量信号调试、开关量信号调试、电动阀门调试、能量计量装置调试、控制柜及变频器调试等。

4.2.4 水系统调试常见故障及原因分析

1. 漏、堵现象

调试过程中最常出现的问题主要集中在两个方面:第一个是"漏",第二个是"堵"。

(1)漏,即系统漏水,既影响使用,又造成资源的浪费,漏水量大,系统补水的频率和流量随之增大,造成水资源和电资源的浪费。

管道与管件、管道与设备之间的连接不严都是造成漏水的主要因素。其次,管材的检查和施工的规范化、螺纹的套制、填料的缠绕、垫片的制作、螺纹和法

4.2 空调水系统调试

兰螺栓的拧紧程度等，都要按照严格的施工工艺进行约束。

（2）堵，是影响空调使用效果最主要的因素之一，堵又分气堵和脏堵。

气堵主要是由于管道积气，造成水流不畅和流量减少。其原因主要是管道安装时不注意坡度，管道在绕梁时形成 U 形管，或者施工中局部抬高使得管道局部比最高点排气阀高等。解决的方法一是在主管最高处设自动排气阀，并尽量减少绕梁现象；另外，初次使用时应打开系统中的手动放气阀，将管道积存的空气放掉。

脏堵最容易发生在空调器的进水支管上或者主管的最末端，所以，在空调器的进水支管上一般都装有过滤器。当发现空调器使用效果不佳时，先查看有无气堵现象，排除了以后再关掉空调器的进回水支管上阀门，打开过滤器，清除脏物。发生在主管末端的堵塞一般不容易查出，当空调效果不佳时，可拧开空调器处的手动放气阀，如不出水，且过滤器又无脏东西时，一般可能是主管末端发生脏堵现象。因此，安装前一定要清理管道内部杂物（焊渣、渣土等），尤其是在进行室外管网安装时更应注意。同时，在管网投入使用前要做好系统的吹扫清洗工作，尽可能把隐患消除在投运之前。

2. 水泵不吸水、压力表指针剧烈跳动

造成这种现象可能的原因为：冷却塔补水不足，进水总管积有空气，或回水管上的止回阀没有打开或开度不足，造成水泵入口的水量不够；管路的排气阀或压力表漏气；水泵入口管路的阻力太大，造成水泵入口负压偏大，超过水泵的吸程。

3. 水泵出口有显示压力，但压力异常超高或明显偏低

造成这种现象可能的原因为：

（1）出水管路阻力过大或管路、止回阀堵塞。

（2）电动机的旋转方向反向。

（3）水泵的叶轮淤塞。

（4）水泵转数不够。

4. 水泵消耗的功率过大

造成这种现象可能的原因为：

（1）填料压盖太紧，填料层发热。

（2）叶轮与密封环磨损。

（3）管路阻力比设计小，水泵流量过大。

5. 水泵产生的声音异常，水泵不上水

造成这种现象可能的原因为：

（1）吸水高度过高。

（2）在吸水管内有空气渗入。

6. 水泵振动

造成这种现象可能的原因为：

(1) 水泵和电动机的轴不同心,联轴器没有调整好。
(2) 弹簧减振器选择不合理。

7. 轴承发热

造成这种现象可能的原因为:
(1) 水泵轴承无润滑油或润滑油过多。
(2) 水泵和电动机的轴不同心。

若发现水泵出口压力变化不大,应及时检查 Y 形过滤器是否有脏堵现象,一旦发现,及时清洗。

4.3 系统联调案例分析

【案例 1】 隧道风系统设备布置。

国内各地铁线路中,采用双活塞风井形式的常规车站,一般采用 7 个组合风阀的形式,如图 4-6 和图 4-7 所示,其运行控制模式一般有以下几种:

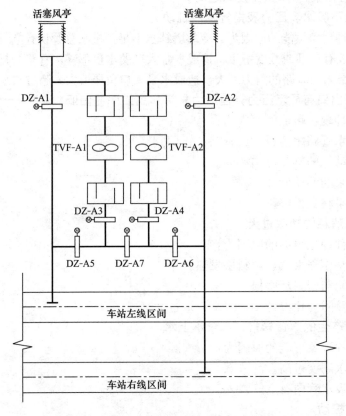

图 4-6 常规 7 个风阀的隧道风系统原理图

4.3 系统联调案例分析

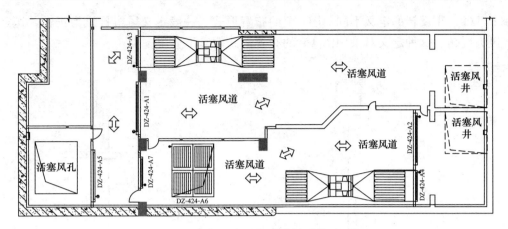

图 4-7 常规 7 个风阀隧道风系统平面图

(1) 正常运行时,左线列车活塞风通过开启组合风阀 DZ-A1 与外界进行空气交换,右线列车活塞风通过开启 DZ-A2 与外界进行空气交换,隧道风机和其他组合风阀处于关闭状态。

(2) 早晚通风工况时,关闭活塞风阀 DZ-A1、DZ-A2、DZ-A7,开启 DA-A5、TVF-A1 及联锁风阀 DZ-A3 对左线进行通风;开启 DA-A6、TVF-A2 及联锁风阀 DZ-A4 对右线进行通风。

(3) 左线事故工况、火灾工况时,关闭活塞风阀 DZ-A1、DZ-A2、DZ-A6,开启 DA-A5、旁通阀 DZ-A7、TVF-A1 及联锁风阀 DZ-A3、TVF-A2 及联锁风阀 DZ-A4 对左线进行事故通风;右线事故工况时,关闭活塞风阀 DZ-A1、DZ-A2、DZ-A5,开启 DA-A6、旁通阀 DZ-A7、TVF-A1 及联锁风阀 DZ-A3、TVF-A2 及联锁风阀 DZ-A4 对右线进行事故通风。通风形式为送风还是排风,由事故发生的具体形式进行判断,通过选择模式进行控制。

(4) 当左线隧道风机 TVF-A1 或者右线隧道风机 TVF-A2 发生故障时,可通过开启旁通阀 DZ-A7,由右线隧道风机 TVF-A2 或者左线隧道风机 TVF-A1 向左线区间或右线区间进行通风,起到互为备用的功能。

图 4-8 所示为采用 8 个风阀的隧道通风原理图,图 4-9 为该系统的平面布置图。从图 4-8 可以看出,采用 8 个风阀的布置形式,设备布置较紧凑,与 7 个风阀的系统布置相比,可以减少风道面积,节约土建投资。

但这种形式存在以下几个局限性:

(1) 对于双层地铁车站,这种形式仅适用于风亭在车站主体范围顶出的形式,两个活塞风亭分别设置于 DZ-B3、DZ-B4 的正上方。因此,地面风亭的布置位置受到较大的局限性。而采用图 4-7 所示的常规布置形式,室外风亭可根据地面条件通过加长风道或风道转弯进行灵活处理。

(2)正反转的定义不同。图 4-7 的布置形式,一般定义风机排风为正转,送风为反转。这种定义对采用图 4-9 的布置形式而言不适用。

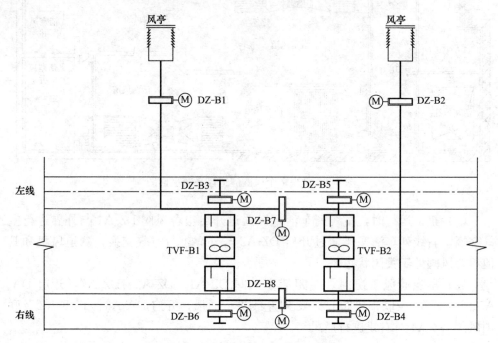

图 4-8　8 个风阀隧道风系统原理图

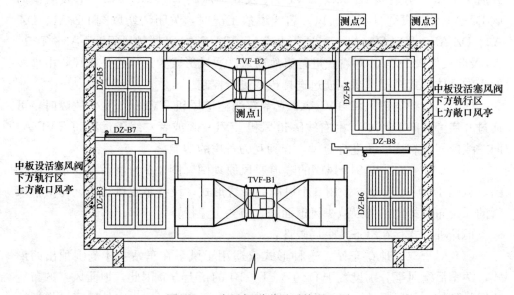

图 4-9　8 个风阀隧道风系统平面图

4.3 系统联调案例分析

图 4-9 所示的隧道风机 TVF-B1 正转表示对左线送风或右线排风，反转表示对左线排风或右线送风。TVF-B2 正转表示对左线排风或右线送风；反转表示对左线送风或右线排风。因此，在该车站工艺设计上应同 BAS 专业进行区分判断。

（3）8 个风阀的布置形式，TVF 风机没有联锁风阀，在模式控制上应做特殊处理。要求在模式中，由 BAS 专业判断所有相关风阀已全部开启后再启动隧道风机，整个过程的完成时间应控制在 30s 以内。

（4）8 个风阀的布置形式，采用顶出布置风亭，风亭不宜采用敞口风亭。当采用敞口风亭时，应考虑敞口风亭下组合风阀的防腐要求，轨行区淋雨以及行车安全问题。

【案例 2】 火灾试验，排烟设备不动作问题。

某地铁车站站台层火灾试验，烟气燃放点位于车站 B 端，烟饼点燃后 FAS 系统联动报警（见图 4-10）。按照设计，车站两端大系统排烟风机同时开启对站台层进行排烟，而现场实际只有 A 端排烟风机 PY-A 启动排烟，B 端排烟风机 PY-B 未启动。

图 4-10 站台层公共区排烟试验现场

针对以上现象，试验人员逐一对各个环节进行校核、排查。

（1）首先，火灾发生时，FAS 系统发出火灾报警并执行火灾区域模式，系统正常。

（2）其次，BAS 系统收到 FAS 系统火灾信号，对火灾区域下达相应的火灾模式指令，监控正常。

（3）通风空调工艺控制图中，在站台层火灾模式下，各设备、阀门开关状态无错误，满足防排烟要求。

（4）通过机房就地手操箱手动开启风机，反复出现风机启动 1~2s 即停止的现象，排除设备电源接线故障、设备故障的原因。同时，对设备电机参数、启动电流进行校核，不存在启动电流过流的可能。

（5）最后对环控柜控制接线进行排查，发现排烟风机联锁风阀代号与设计不一致，现场联锁线接错，具体情况如下：如图 4-11 所示，通风空调设计中，排烟风机 PY-B 的联锁阀为 D-B06，当站台层公共区 B 端火灾时，站厅层排烟支管上的电动风阀 D-B04 关闭，站台层排烟支管上的电动风阀 D-B05 开启，D-B06 开启并联锁 PY-B 开启对站台层公共区进行排烟。当排烟风机的联锁阀门接错成 D-B04 情况下，站台层公共区发生火灾时，按工艺模式控制表要求，PY-B 与 D-B06 开，同时要求 D-B04 关，于是 D-B04 的关闭联锁 PY-B 关闭，如此反复，程序一直处于死循环，设备不动作。

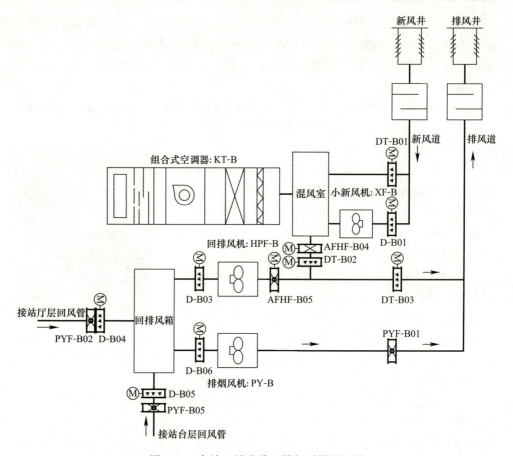

图 4-11 车站 B 端公共区排烟系统原理图

从以上火灾联动试验出现排烟设备不动作,查找分析原因的过程情况来看,说明了联动调试前单机调试的重要性,所以建议系统联调前应认真做好单机调试工作,对单机出现的问题逐一进行排查和整改,以减少联调出现的问题或降低出现问题后排查的难度。

【案例 3】 无法实现排烟模式的二次动作。

某地铁车站,站厅层公共区面积 12000 余 m^2,根据规范要求和设备布置合理性,将站厅公共区分为 8 个防烟风区,并在车站 A、B 端各设一台排烟风机,排烟风机排烟量按同时排除最大两个防烟分区的排烟量进行选型设计,系统布置原理简图如图 4-12 所示。该排烟系统控制设计为当某个防烟分区发生火灾时,开启所在防烟分区的电动风阀对该分区进行机械排烟。

因与 FAS/BAS 控制专业缺乏沟通,控制专业仅考虑了某个防烟分区内火灾烟气排除的模式,没有考虑到烟气串到相邻防烟分区内时烟气的排除措施,如烟气由防烟分区一串到防烟分区二内,系统无法二次联动控制,开启对应的电动风阀。

4.3 系统联调案例分析

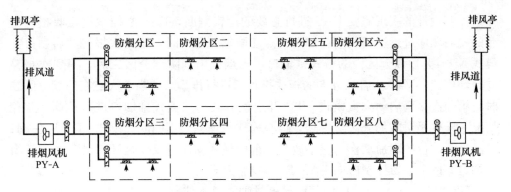

图 4-12 车站站厅公共区排烟系统原理示意图

以上问题的出现，主要与 FAS/BAS 专业设计缺少沟通，没有提相关的设计要求。经了解，对于烟气串到相邻防烟分区的情况，FAS 系统可以二次捕捉到火灾险情并报警，并且 BAS 系统可以在不停止当前模式的前提下去执行下一火灾指令，但应提前向 FAS/BAS 专业提相关要求以落实到逻辑控制中。

一般对于标准车站，站厅公共区的面积为 2000～3000m^2，按防烟分区不大于 2000m^2 的规范要求，划分两个防烟分区即可，这种情况公共区火灾模式一般采用两端排烟风机开启全排的模式，不会出现案例中所述的问题。而对于大型车站，防烟分区划分较多时（4 个及以上），设计应当谨慎斟酌，与 FAS/BAS 专业设计做好沟通。

对于图 4-12 所示的案例，建议以下方式进行设计：

采用平时排风管与排烟风管分设的形式，系统原理如图 4-13 所示，在排风管的主管上设置电动风阀，火灾时关闭该电动风阀。在排烟管上根据防烟分区布置一定数量的常闭板式排烟口，火灾时电动开启。当防烟分区一发生火灾时，开启该分区内的板式排烟口，当烟气串到防烟分区二时，继续开启该分区的板式排烟口，其控制原理如下：

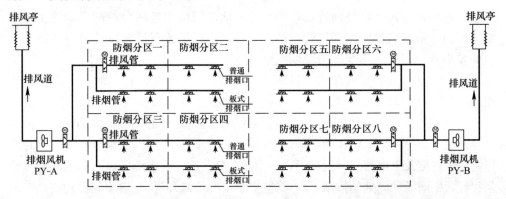

图 4-13 采用常闭排烟口的系统原理图

控制设计的实现需要 BAS 进行必要的逻辑判断，BAS 必须根据接收报警指令的先后顺序进行逻辑判断。如着火点在防烟分区一时，第一次报警并启动火灾模式 M1，开启该分区内的板式排烟口；当烟气串到防烟分区二时，第二次报警并启动模式，M11 开启该分区的板式排烟口进行排烟。如当着火点在防烟分区二时，第一次报警启动火灾模式 M2，开启该分区内的板式排烟口进行排烟，此种情况下同样是对防烟分区二排烟，但是模式原理完全不同的。模式 M11 是在 M1 的前提下进行的附加动作，它不改变此前的模式动作，仅仅是开启其分区的常闭排烟口。以上逻辑控制应向 FAS/BAS 专业说明。

【案例 4】 站台公共区中部区域的排烟效果不佳。

采用全封闭站台门的车站，当站台层公共区发生火灾时，开启站台层排烟支管上的电动风阀，关闭站厅层支管上的电动风阀对站台进行排烟。同时，为了保证中板楼扶梯开口处向下 1.5m/s 的迎面风速，开启排热风系统和隧道风机辅助排烟。

在此前提下，国内一般有两种不同的系统布置方案。

（1）一种设计采用从站台公共区端部设置辅助排烟管与排热风室连接，站台公共区发生火灾时开启辅助排烟管上的电动风阀，关闭轨顶轨底风道处的电动风阀，通过排热风机对站台公共区辅助排烟。这种方式中辅助排烟风管的尺寸往往比较大，在有限的站台空间下布置比较困难。

（2）另一种设计采用打开站台层一侧的首尾各一扇滑动门，开启排热风机和所在侧的隧道风机进行辅助排烟。这种形式避免了站台层布置大尺寸的排烟风管，但增加了与屏蔽门联动的要求。

通过国内多条已运营地铁的情况，上述两种方式均能满足站台公共区发生火灾时，楼扶梯口部不小于 1.5m/s 的迎面风速要求。但均存在站台层中部排烟效果不理想的现象。通过火灾试验发现，标准车站两组楼扶梯之间的区域，烟气大量聚集，且排除效果不明显。越靠近楼扶梯口部，烟气流动越明显，烟气排除的效果也越好。

原因有两个：

（1）两种方式下，辅助排烟口和打开的活动门均靠近站台端部，烟气主要在端部排出。虽然站台层排烟风管在站台公共区中部设置有排烟口，但与辅助排烟口的排烟能力相比，排烟能力薄弱很多。

（2）排烟时主要通过楼扶梯口部进行补风，而楼扶梯口补给的新风大部分从端部的辅助排烟口排出，基本不流向站台公共区中部区域。

因此，解决站台中部排烟效果不理想的关键是增加中部区域的排烟量。一种方法是开启中部一扇滑动门作辅助排烟口的方式。经过现场实际测试发现，火灾时开启同一侧首尾及中部共三扇滑动门，整个站台公共区（含中部区域）的烟气排除效果很好，中间滑动门处的排烟平均风速达到 7.75m/s。但是开启中间滑动门，在火灾乘客疏散时，存在乘客跌落到轨行区的风险（开启首尾滑动门可以避免）。

4.3 系统联调案例分析

根据开启中间一扇滑动门的理念，可以考虑一种在屏蔽门上部开启排烟口的方式，主要构造如图 4-14 和图 4-15 所示。站台发生火灾时，开启该处的电动风阀，烟气经风阀、轨行区最后通过排热风机及隧道风机排到室外。

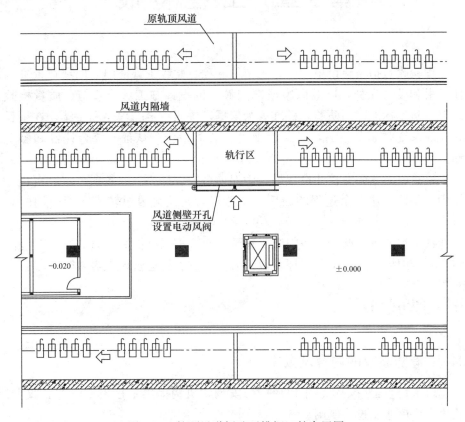

图 4-14 轨顶风道侧壁开排烟口的布置图

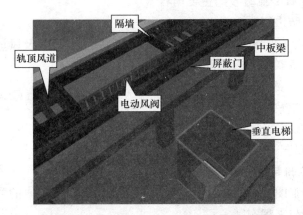

图 4-15 轨顶风道侧壁开排烟口三维效果图

第5章 工程验收

工程验收是指由建设单位、施工单位和项目验收主管部门，以项目批准的设计任务书和设计文件，以及国家或部门颁发的设计施工验收规范、质量检验标准、卫生防疫标准、消防验收标准等为依据，按照一定的程序和手续，在项目建成并完成系统联调合格后，对工程项目的总体检验和认证、综合评价和鉴定的活动。

工程验收时全面考核建设成果，确保项目按设计要求的各项技术经济指标正常使用，是地铁建设全过程的最后一个程序，是建设成果转入运营使用的必要环节。

地铁工程通风空调验收一般含工程预验收、第三方检测（若有）、竣工验收、消防验收、卫生防疫验收、环评验收、人防验收、试运营评审等内容。

5.1 消防验收

5.1.1 消防验收的内容及要求

建筑工程竣工后，建设单位应向公安消防机构提出工程竣工消防验收申请，经验收合格后才能投入使用。

1. 对通风空调专业验收的主要内容

（1）风亭的防火间距。
（2）防烟分区的划分标准，加压风机、排烟风机的设置及风量配置标准。
（3）排烟设备联锁阀门的设置。
（4）防火阀的安装。
（5）排烟试验及检测。
（6）防排烟设备及阀门的联动试验。
（7）火灾工况下设备及电动阀门响应时间。

2. 对通风空调专业验收的重点

（1）检查竣工图纸、资料和《建筑工程消防验收申报表》的内容及与消防机构审核意见是否与工程实际一致。
（2）检查《建筑工程消防设计审核意见书》中提出的消防问题，在工程中是否予以整改。

(3) 检查各类消防设施、设备的施工安装质量及性能。

(4) 抽查测试消防设施功能及联动情况。

3. 消防验收中，设计院需要提供的相关资料

(1) 消防报审图纸。

(2) 填报并提供《建设工程消防设计审核申报表》。

(3) 工程施工设计消防设计说明。

5.1.2 消防验收案例

【案例1】 排烟口与挡烟垂壁的相对关系。

消防验收时要求排烟风口底边沿应高于挡烟垂壁下沿。

规范对挡烟垂壁的规定为：防烟分区宜采用隔墙、顶棚下凸出不小于500mm的结构梁以及顶棚或吊顶下凸出不小于500mm的不燃烧体等进行分隔。此外，有的地方消防局对挡烟垂壁的高度做了明文规定，如湖南省公安消防总队发文规定：地下车库排烟系统和排风系统合用管道时，在火灾状态下，排烟口应结合防烟分区自动打开，排风口应自动关闭，排烟口的高度应在该防烟分区挡烟垂壁最下沿之上。

火灾资料统计表明，当建筑内发生火灾时，高温烟气在浮力作用下上升，再撞击顶棚并形成顶棚射流之后，烟气沿着水平方向向四周呈放射状蔓延。与受限空间不同的是，车站公共区由于建筑面积较大，一般在水平蔓延过程中不会遇到墙壁而形成反浮力壁面射流。当车站发生火灾时，烟气会在极短时间内就上升到扁平顶棚，并快速在顶棚蔓延扩散。在顶棚射流形成过程中，烟气不断卷吸空气，顶棚射流厚度增加，当射流厚度大于挡烟垂壁高度时，烟气绕过挡烟垂壁，温度高的则继续以射流形式蔓延，温度低的烟气则下降到地面。因此，通过设置有效的挡烟垂壁尤为重要。而挡烟垂壁的高度是影响阻烟效果的关键因素。理论上只要不影响疏散和通行需求，挡烟垂壁下垂高度越大越好。

因此，当车站公共区采用格栅等通透性吊顶时，建议挡烟垂壁的下边沿贴吊顶安装龙骨进行设置，设计时具体数值可为"距吊顶上边沿100mm"。当车站公共区采用密闭吊顶时，挡烟垂壁应低于吊顶面500mm以上或者采用活动式挡烟垂壁，以保证消防验收顺利通过。

【案例2】 风机正反转定义错误。

一般而言，对区间隧道风机，向风亭排风定义为正转，从风亭吸风向隧道送风定义为反转。地下正线区间的射流风机，风向与列车行车方向保持一致定义为正转，反之为反转。对于洞口（地下区间到地上区间、地下区间到地面车辆段）的射流风机，定义风向朝洞口为正转，反之为反转。

设备正反转的定义应与低压配电、BAS 专业保持一致,避免施工中反向接线,造成设备运转错误,无法实现火灾救援功能。

如某地铁车站站台层公共区进行火灾试验时,根据控制模式要求,需要开启车站轨顶排热风系统、车站两端区间隧道风机各一台,对车站站台层公共区进行辅助排烟以保证中板楼扶梯口向下 1.5m/s 的迎面风速。火灾试验中,站台层公共区排烟风口处的排烟无明显异常现象,但楼扶梯口向下的迎面风速仅 1.0m/s 左右,多个测点均如此。

该现象比较反常,此站点为标准车站,楼扶梯处开孔面积没有特别加大的情况,且开启隧道风机的台数和模式与其他站点一致。

通过对烟气流动情况进行观察发现,某一端站台门开启处,烟气无明显向区间隧道蔓延的现象。初步怀疑该端的排热风机或者隧道风机没有开启。而通过车站控制室控制界面显示,各设备和阀门运转正常,并无故障报警信息。为了进一步排查原因,试验人员到隧道风机房进行检查,发现区间隧道风机处于向隧道送风状态,与工艺控制要求的辅助排烟不一致。但为何车站控制室的控制界面上显示正转,现场风机却处于反转呢?通过检查风机安装和接线,原因在于风机本体安装错误。车站施工人员不知道有正反转要求,将风机随意摆放安装,造成车站该端两台隧道风机安装错误。

因此,考虑到施工水平参差不齐,部分施工单位技术人员年轻,经验不够丰富,建议设计人员在设计施工交底时,有必要对设备正反转要求进行强调阐述,同时在配合施工中应注意及时发现此类问题,及早指正。

【案例 3】 站台层公共区火灾工况下全封闭站台门开启问题。

目前部分城市地铁,在站台公共区发生火灾工况下,要求开启站台门一侧并联动开启侧的隧道风机进行辅助排烟,这种情况下需要人工判断开启哪侧站台门。人工开启站台门的做法,消防验收时消防部门对此种做法不认同,认为存在安全隐患。

在防排烟工艺控制设计中,车站站台层公共区发生火灾工况时,开启站台门可以采用人工开启或者自动开启的模式。采用自动开启站台门时,则需要纳入 BAS 控制模式,在 IBP 盘上增加站台门手动开启模式,由车控室的工作人员人工确认开启一侧站台门的首位两扇滑动门,之后自动联动开启侧的车站隧道风机和风阀,辅助排烟,人工开启站台门后的联动工作均由模式控制自动实现。

一般情况下,由于站台门招标计划执行较早,而暖通及 BAS 控制专业没有及时向站台门专业提供接口要求,便出现站台门控制箱上没有与 BAS 的接口端子的现象。

因此,建议后续设计线路,当确定采用"站台层公共区火灾工况下,开启站台门一侧的首尾两扇滑动门并联动开启侧的隧道风机进行辅助排烟"的模式时,应及早向 BAS、站台门专业提供接口要求,实现自动开启站台门。

【案例 4】 中板楼扶梯口迎面风速要求。

某地铁车站进行热烟测试时,站厅到站台楼梯和扶梯口处 1.5m/s 的向下气流不达标,不符合《地铁设计规范》GB 50157—2013 的要求。

原因分析:对于站台门系统,一般是在楼扶梯口部设置一圈挡烟垂壁,采用格栅等通透性吊顶的车站,挡烟垂壁高度一般到吊顶上边沿 100mm,同时开启部分隧道风机辅助排烟,均可满足规范规定的向下迎面风速要求。而针对闭式系统,一般有以下两种做法:

(1) 沿着楼扶梯口部设置一圈电动挡烟垂帘,楼扶梯长度方向两侧距地 0.5m 高,正对楼扶梯处(人员疏散)距地 2.3m 高。

(2) 将楼扶梯的长度方向两侧用墙体砌筑起来,砌筑高度由站台板到中板。

方法(1)的优点是平时电动挡烟垂帘为收缩状态,乘客视野比较开阔;缺点是电动挡烟垂帘的设计接口比较繁琐,涉及公共区装修、低压配电、FAS、BAS、通风空调等多个专业。方法(2)中乘客视觉效果差,但比较可靠,不需要配电和控制,对火灾救援系统稳定性比较有利。本站采用方案(1),在发生火灾时,由于电动挡烟垂帘落下的速度过慢,排烟风机连锁启动滞后,致使火灾发生后烟气迅速窜至站厅层,试验失败。

设计建议:通过对 8 辆编组的标准车站进行试验,站厅到站台有 3 组楼扶梯,开启车站两端的 4 台隧道风机($60m^3/s$)进行辅助排烟,并测得 3 组楼扶梯口部风速分别为 1.64m/s,2.41m/s,2.43m/s。其中一组楼扶梯风速接近规范规定的 1.5m/s。因此,对于中板楼扶梯数量更多的车站(换乘车站),需要进行详细的校核计算,以确认是否需要增大隧道风机的设备容量。

当不增加设备容量时,建议采用方法(2)对楼扶梯口进行处理,缩小楼扶梯口的过风面积,保证有效的迎面风速。

【案例 5】 越站运营(甩站)的问题。

某城市地铁线路,根据建设进度原因和运营需求,出现部分车站"甩站"运行的情况。建设和消防部门要求设计单位提供临时过渡方案,并对该区间进行防排烟检测。

解决方案:碰到此问题,一般需要由总体单位牵头进行研究分析,分析主要有以下几个内容:

(1) 甩站运行,则可以认为本站车站通风空调系统不考虑运行。

(2) 参与区间事故通风和火灾救援的隧道风机需要根据进一步计算确认是否需要保持运行。

若本站(定义为 B 站)与相邻两站(定义为 A、C 站)的车站中心距离较短,通过行车组织临时调整,可以保证在 A、C 两个车站之间的区间内无两列车跟踪运行的情况下,隧道通风系统通过模拟计算核实 A 站、C 站的隧道风机设备容量满足事故工况和火灾工况时 A、C 两个车站之间的区间的断面风速满足要求,则可认为 B 站隧道风系统及风井可以不需要开通。

若 B 站与 A、C 站的车站中心距离较长,通过行车组织临时调整,不能保证在 A、C 两个车站之间的区间内无两列车跟踪运行的情况下,需要 B 站至少一端活塞风道(井)及隧道风机能投入使用(可视为 A、C 站之间的中间风井)。此时,应经过隧道通风模拟计算校核。这种情况比较复杂,首先隧道风机及风阀应供电(对于无法开通车站可能连带无法实现由本站变电所供电),火灾模式应做相应调整,此时本站 BAS 可能无法实现联调,或者控制系统根本没有条件投入使用,需要从其他控制系统进行接入。

【案例 6】 设备区挡烟垂壁的设置问题。

设备区内走道设置挡烟垂壁后的底标高为 1.9m。

原因分析:某城市地铁线路采用 8 辆编组,站厅设备区总面积超过 750m^2,需要划分多个防烟分区,防烟分区之间设置挡烟垂壁。由于走道的吊顶标高只有 2.4m,吊顶为密闭吊顶,挡烟垂壁按照伸出吊顶下方 500mm 设置,垂壁底距离走道装修完成面仅为 1.9m,影响疏散和通行。

解决措施:设备区走道防烟分区的划分采用电动垂帘。

5.2 其他验收

在地铁线路开通运营前,通风空调专业除了配合完成工程的消防验收外,还应配合完成环评验收、卫生防疫验收、人防验收等验收内容。

5.2.1 配合环评验收

环评验收一般由环保部门委托第三方单位进行验收,各相关单位予以配合,验收时通风空调专业需要提供如下资料:

(1) 文件及各类报告,包括环评自查报告(环评报告的落实情况)。

(2) 图纸文件资料:

1) 车站通风空调总平面图(标注风亭、出入口、冷却塔的位置及其定位)。

2) 项目所在地风向玫瑰图。

(3) 技术资料:各类数据表格填写。

5.2.2 配合卫生防疫验收

卫生防疫的验收需要本专业提供如下资料:

(1) 各车站项目概况,包括车站概况、出入口、风亭、冷却塔设置,站厅、站台公共区情况介绍，专业设计原则及标准等。

（2）全线通风空调施工图设计文件。

5.2.3 配合人防验收

通风空调专业涉及人防现场验收项目主要指通风空调管线穿人防围护结构时，是否按要求预埋相应套管，并设置必要的防护阀门。

【案例】 多联机空调系统冷媒管穿越人防围护结构设置防护闸阀的问题。

人防验收时，提出多联机空调系统的冷媒管（含液管和气管）穿越人防围护结构均需设置防护闸阀。

解决方案：多联机空调系统的液管和气管穿越人防围护结构处均增设防护闸阀。一般市场上没有 DN15、DN20、DN40 等小管径的防护闸阀，可参照《动力管道设计手册》进行定制。另外，考虑到多联机空调系统的管线设置防护闸阀困难，可与人防验收部门沟通，多联机空调系统管道在战时拆除，平常不设防护闸阀。

第 6 章 地铁运营部门要求及运营评审意见

通过收集各城市地铁运营部门的需求和地铁线路开通运营前专家评审意见，在后续线路的设计中具有重要的参考和借鉴意义。

6.1 运营部门对设计的要求

（1）车控室在火灾工况下要保证正压的通风设计，建议尽量设置独立的送风系统。若采用其他小系统的送风机兼用时，设计时要考虑若该小系统所服务的区域发生火灾，该小系统的送风机要能确保车控室的加压送风量，同时，要确保不能送风到该小系统的服务区域。

（2）建议对土建风道表面的平整度、光滑度提出设计要求，以降低风道中空气的含尘量，减小风道阻力，便于清洁。

（3）变频设备工频启动问题：

当车站隧道风机、区间隧道风机兼作消防排烟风机时，应有变频启动、工频启动两种启动模式。当变频器或软启动器故障时，应具备工频启动运行功能。

设备招标后，若风机、水泵等变频设备需单独提供散热风扇电源时，需及时提出，以免遗漏。

（4）土建配合中的注意事项：

1) 建议二次隔墙、设备基础等由机电安装施工单位完成。

2) 应提前明确装修吊顶底标高和装修吊顶实际所需占用厚度，以确保各专业管线标高均能安装在吊顶以上。

3) 提高联络通道门的承压能力，避免由于活塞作用引起的压力变化及这种压力变化过高的频率，导致区间联络通道门损坏，影响行车安全。

4) 设计中应适当放大风亭面积，充分考虑出地面的各种管线对风亭面积的影响。

（5）射流风机安装：

考虑到射流风机吊装在线路正上方，虽然通风效果较好，但存在安全隐患和与其他管线和设备布置冲突问题，建议采用侧壁式安装，局部扩大隧道断面，前后距离不小于10m，斜面角度不大于15°。

同时，射流风机安装定位时未及时与接触网专业配合，易导致射流风机与接触网支架冲突。以后线路中应加强各专业间协调,射流风机安装时应避开接触网支架,并注意与其他设备的间距。

(6)设备配合中注意事项:

1)向土建提资料时应严谨和细致,设备荷载、预埋件和预留孔洞等尽量包容设计。

2)设备招标后,设计联络时应形成正式文件;组合式风阀、结构片式消声器等设备厂家应到现场测量后再进行生产。

3)消声器、多联机空调、综合支吊架、群控系统等一般由设备厂家进行二次深化设计。应注意深化设计后与原施工图的接口配合问题,应加强厂家深化设计及安装管理,在设计阶段与厂家进行协商,将接口配合完善。

4)应与低压专业明确接口范围,设计中应避免遗漏冷却塔、风机等设备到变频柜之间的电缆设计。

(7)车站冷却塔应安装在通风效果良好的位置,否则将导致冷却塔降温效果差,直接影响空调系统运行。尽量避免冷却塔封闭式安装、下沉式安装。

(8)对于设置在主体范围内直通地面的敞口风井,排水设施应完善,应在风井底部四周设排水沟和挡水坎。

(9)车站卫生间应设置独立的排风系统。运营线路中个别车站卫生间未设置独立的排风管,与服务其他房间共用风管,当排风机关闭时,卫生间的臭气通过风口向其他房间或走廊进行扩散。

(10)空调水系统注意事项:

1)宜选用外置清洗装置的全自动式水处理器,尽量避免选用压力差反冲洗式水处理器,以免在空调系统运行时需每日进行反复反冲洗工作,造成水和人力资源的极大浪费。

2)冷冻水管在穿越设备管理用房或公共区时,需考虑设置检修阀门及泄水点,尽量避免将管路最低点设置于走廊等排水困难的地方。水系统的放气阀、泄水阀等应安装在便于操作的位置,在施工时根据现场条件找出合理的安装位置。

3)采用集成闭式系统的车站公共区和设备管理用房空调冷却水系统宜分开独立设置,分别设置冷却塔,避免共用冷却水循环系统导致夜间不节能。

4)冷水机组进回水应设置旁通管路。

(11)设在轨行区上部的轨顶风道应尽量采用土建风道,并考虑风道的坡度和排水问题。当无法设置土建风道而采用铁皮风管时,应做好防护及加固措施。

(12)设备管理用房多联机空调系统的设置。车站设备与管理人员用房对空调运行模式要求不一致,设备用房多联机空调室外机与管理人员用房多联机空调室外机应设计为相互独立系统。

(13)设备安装及检修空间的预留:

1) 电动风阀应具有执行器接线及操作空间,手动风阀应具有手动复位操作空间。

2) 水管穿人防门框处需安装防护闸阀,阀门要求竖直安装,应预留足够的安装空间。

3) 布置管线及设备时需充分考虑土建条件,包括梁、柱、加腋等,加强与土建设计及施工单位的沟通,准确核实构造柱、圈梁、横梁等的尺寸。

4) 充分考虑冷却塔接管空间,冷却塔、水管均应布置在用地范围内,避免用地四周设置围栏时发生超出红线范围的现象。

5) 安装在出入口、换乘通道的排烟风机应设计专用机房,以便于检修。当无法设置专用机房而安装于通道吊顶内时,需在风机安装区域设置便于拆卸的活动吊顶,用于风机检修。

6) 水阀、风阀若设于吊顶内,应在吊顶预留检修口,以方便检查维修。

7) 设计中应考虑设备检修空间,特别是风阀执行器等小型设备。

(14) 露天安装的组合式风阀、消声器等设备,应提供设备的防腐蚀级别。

(15) 环控机房、冷水机房等处的排水沟应利用地面装修层实现,使沟顶标高与地面标高一致,不突出地面,并设置沟盖板,以便于设备排水、设备维护和机房的清理。

(16) 地下车站的冷水机组,应将冷媒释放连通管通至室外(即高压安全阀接排气管至室外)。

(17) 与大气直通的风机应设置安全防护网,风机自由进、出口端需要安装防护网罩,风管出入口应设置防鼠格栅。

(18) 应要求施工单位采购高质量的自动排气阀,确保只排气不排水。

(19) 大型设备应预留足够的检修空间和吊装装置。

(20) 车站大型表冷器应考虑冬季保养泄水措施与吹干防冻设施,表冷器进/出水管应安装用于吹干的检修阀门。

(21) 电暖器设置注意事项

1) 北方地区高架站卫生间供暖的方式宜设计为市政供暖。若不具备条件,应考虑供暖设备的防盗、防人为破坏等因素。凡采用电暖器供暖,应设计为壁挂式,且设置百叶防护罩,避免人为破坏和丢失。

2) 设备管理用房需设置电暖器时,应在施工图标出电暖器位置,并提资给低压配电专业,以免遗漏。

6.2 运营评审专家主要意见

(1) 环控设备(空调柜机,风机,电动风阀执行器等)应保证足够的检修空

6.2 运营评审专家主要意见

间，走道管线应有检修空间。

（2）应对空调水系统的冷冻水量进行检测，使之满足设计要求。

（3）应对大系统的送风口及回风口的风量进行调试，使之满足设计要求。

（4）空调系统的送回风口不应设置在设备（闸机、扶梯、电器设备）上方。

（5）站台火灾工况时，采用打开站台门、启动隧道风机排烟的工况模式，此模式可能引起疏散人员误入轨行区，应加强演练及应急预案中对于乘客疏散的指导。

（6）根据《公共场所集中空调通风系统卫生规范》WS394—2012，建议在公共区组合空调机组内增设空气净化消毒装置。

（7）各车站通信、信号等电气机房均采用了备用多联机空调，应明确备用空调的使用工况条件。

（8）车站设备用房空调系统中，目前仅监测送风、回/排风主管温湿度参数，鉴于各类电气房间散热及负荷特性不同，应补充主要电气房间温湿度监测。

（9）车站 IBP 盘上，区间隧道火灾/阻塞工况模式偏多，不利于运营操作管理，建议优化。

（10）车站采用单活塞风井，应补充在同一区段内上、下行线同时发生阻塞工况的通风模式。

参 考 文 献

[1] 中华人民共和国国家标准. 地铁设计规范 GB 50157—2013 [S]. 北京：中国建筑工业出版社，2013.

[2] 中华人民共和国国家标准. 民用建筑供暖通风与空气调节设计规范 GB 50736—2012 [S]. 北京：中国建筑工业出版社，2012.

[3] 中华人民共和国国家标准. 建筑给水排水设计规范（2009 年版）GB 50015—2003 [S]. 北京：中国计划出版社，2010.

[4] 中华人民共和国国家标准. 通风与空调工程施工质量及验收规范 GB 50243—2002 [S]. 北京：中国计划出版社，2002.

[5] 车轮飞，熊朝辉等. 一种风系统易调节均匀分风装置 [P]. 中国专利：2013200890235，2013-02-27.

[6] 中华人民共和国国家标准. 城市轨道交通技术规范 GB 50490—2009 [S]. 北京：中国建筑工业出版社，2009.

[7] 李金川. 空调制冷安装调试手册 [M]. 北京：中国建筑工业出版社，2006.

[8] 陆耀庆. 实用供热空调设计手册（第二版）[M]. 北京：中国建筑工业出版社，2008.

[9] 中华人民共和国国家标准. 公路隧道通风设计细则 JTG/TD 70/2-02-2014 [S]. 北京：人民交通出版社，2014.

[10] 中华人民共和国国家标准. 建筑设计防火规范 GB 50016—2006 [S]. 北京：中国计划出版社，2006.

[11] 全国民用建筑工程设计技术措施（暖通空调·动力）[R]. 北京：中国计划出版社，2009.

[12] 中华人民共和国国家标准. 人民防空地下室设计规范 GB 50038—2005 [S]. 北京，2005.

[13] 车轮飞，付维纲等. 冷却塔地下布置形式 [P]. 中国专利：2013203931260，2013-07-03.